JN123887

御伝鈔
御俗姓

（現代語版）

凡　例

一、本現代語版について

(一) この現代語訳は、『浄土真宗聖典（註釈版　第二版）』（以下『註釈版聖典』という）を底本として作成した。

(二) 本文のはじめに、内容についての解説を付した。

(三) 付録として、『御伝鈔』『御俗姓』は『浄土真宗聖典（原典版）』所収のものをそれぞれ掲載し、あわせて親鸞聖人御絵伝、親鸞聖人略系譜、親鸞聖人略年表、親鸞聖人史蹟略図、京都聖蹟略図を掲載した。

二、表記について

(一) 本文は、適宜改行を行い、また、利用の便宜をはかるため、『註釈版聖典』に準じて一連の番号を付した。

(二) 本文中の書名には『　』を付し、引用文等には「　」を付した。また「　」内の符号は〈　〉とした。

(三) 漢字は、原則として常用漢字を用い、従来、浄土真宗本願寺派で慣用されている「智、慧」等の漢字は残した。

(四) 送り仮名は、昭和四十八年六月の内閣告示（昭和五十六年十月一部改正）にもとづく現行の送り仮名法に従った。なお、現在の送り仮名の表記の傾向にかんがみ、省略が許容されるものについては省略した。

㈤　振り仮名について

①　原則としてすべての漢字に振り仮名を付した。

②　読み方に揺れのあるものについては、（　）内のように表記した。

例　円融（えんにゅう）、南無（なも）

㈥　付録の親鸞聖人御絵伝と対応する箇所については、各段落のはじめの本文下の欄外に示した。

例　【一】図解一～四参照。

三、註釈の種別と内容について

㈠　本文に施した註釈は、①脚註、②訳註の二種類である。

㈡　脚註は、とくに説明を必要とする語について、本文右傍に＊印を付し、本文下の欄外に示した。原則として＊印は各聖教の初出にのみ示した。

㈢　訳註は、従来の解釈の分れる箇所や、留意すべき重要な箇所について、本文右傍に※印を付し、巻末に本文の頁数を付して、まとめて掲載した。

目次

御伝鈔

本書は、『本願寺聖人親鸞伝絵』『善信聖人親鸞伝絵』、あるいは単に『親鸞伝絵』とも称されている。もと宗祖親鸞聖人の曾孫にあたる第三代宗主覚如上人が、聖人の遺徳を讃仰するために、その生涯の行蹟を数段にまとめて記述された詞書と、各段の詞書に相応する図絵からなる絵巻物として成立したが、写伝される過程でその図絵と詞書とが別々に分れて流布するようになった。そしてこの図絵の方を「御絵伝」、詞書のみを抄出したものを『御伝鈔』と呼ぶようになったのである。

本書の初稿本であろうとされるものは、親鸞聖人三十三回忌の翌年、永仁三年（一二九五）覚如上人二十六歳の時に著されたものとされているが、覚如上人は晩年に至るまでそれに増訂を施して諸方に写伝されており、その過程で生じた出没、異同、構成形態の変化などが諸本に見られる。

現行のものは上・下二巻、計十五段からなっている。上巻八段にはそれぞれ、㈠出家学道、㈡吉水入室、㈢六角夢想、㈣蓮位夢想、㈤選択付属、㈥信行両座、㈦信心諍論、㈧入西鑑察の記事が、また下巻七段にはそれぞれ、㈠師資遷謫、㈡稲田興法、㈢弁円済度、㈣箱根霊告、㈤熊野霊告、㈥洛陽遷化、㈦廟堂創立の記事が掲載されている。

本願寺聖人親鸞伝絵　上

【一】　第一段

※親鸞聖人の出家前の氏姓は藤原氏であり、＊天児屋根尊から数えて二十一代目の＊大織冠＊藤原鎌足、その＊玄孫の＊近衛大将＊右大臣＊従一位＊藤原内麿公、その六代後の＊弼宰相＊日野有国卿、その＊五代後の＊皇太后宮大進＊日野有範公の子息にあたる。このようなわけで、※聖人は本来、朝廷で天皇や上皇にも仕え、栄達の道を開きもするであろうお方であったが、仏法を盛んにしてあらゆるものを救おうとする因縁がはたらいたことにより、九歳の春、伯父の＊従三位＊日野範綱卿が前＊大僧正※慈円の住坊にお連れし、そこで剃髪し出家されたのである。そのとき範宴＊少納言公と名乗られ

【一】　図解一〜四参照。

天児屋根尊　記紀神話に出る神。中臣氏（宮廷の祭祀をつかさどった氏族）・藤原氏の祖神。

大織冠　天智天皇が改訂した冠位の最上位。藤原鎌足しか授与例はない。

藤原鎌足（六一四―六六九）中臣鎌足のこと。藤原氏の祖。原文の細註に「鎌子内大臣」とある。

玄孫　曾孫の子。孫の孫。

近衛大将　宮中の警衛を司る近衛府（令外官）の長官。

右大臣　左大臣を補佐し太政官の政務を司る官職。原文の細註に「贈左大臣」とある。

従一位　官人の序列を表す等級。正一位に次ぐ位階。

藤原内麿（七五六―八一二）藤原真楯の三男。原文の細註に「後長岡大臣と号し、

た。それからは、よく※南岳慧思・※天台智顗に始まる*天台宗の奥深い教えを極め、広く*三観仏乗の道理に精通し、連綿と伝わる*比叡山横川の※源信和尚の流れを受け継ぎ、深く*四教円融の法義を明らかにされたのである。

【三】　第二段

*建仁元年の春、比叡山での名声を捨てて念仏の法義を求める思いに動かされた*親鸞聖人は、※源空聖人の*吉水の住坊をお訪ねになった。それは、※釈尊の入滅から長い年月を経て資質の衰えた人々にとって、限られたものしか歩めない*難行の小路は迷いやすいことから、すべてのものに開かれた*易行の大道を求めようとされたのである。*浄土真宗の教えを受け継ぎ盛んにされた源空聖人が、極め尽くされたその教えの奥深い道理を説き述べられたところ、親鸞聖人はたちどころに*他力のはたらきに摂め取られる教えの真意を

あるいは閑院大臣と号す。贈正一位太政大臣房前公孫、大納言式部卿真楯息なり」とある。

弼宰相　弼は違法行為を監察する弾正台の次官。宰相は政務を審議する参議（令外官）の官職。

日野有国　（九四三―一〇一一）藤原有国のこと。

五代後　有範は有国の六代の孫にあたる。ここでは有範の父経尹を省いた系図によったと考えられる。

皇太后宮大進　皇太后宮職の第三等官。

日野有範　生没年未詳。親鸞聖人の父。皇太后宮大進を退いた後、山城三室戸（現在の京都府宇治市）に隠棲したという。

従三位　官人の序列を表す等級。正三位に次ぐ位階。

日野範綱　生没年未詳。親

体得し、※どこまでも*凡夫のままで往生する真実の信心を決定されたのである。

【三】　第三段

建仁三年四月五日の深夜、明け方に親鸞聖人が夢のお告げを受けられた。『親鸞夢記』には、次のように記されている。

「*六角堂の本尊である*救世観音菩薩が、厳かで端正な顔立ちをした尊い僧のお姿を現し、白い色の袈裟を着けて広大な白い蓮の華の上に姿勢正しくお座りになり、聖人に、〈もし行者が過去からの因縁により女犯の罪を犯してしまうなら、わたしが美しい女の身となりその相手となろう。そして一生の間よく支え、臨終には導いて極楽に往生させよう〉とお告げになり、そして、〈これこそがわたしの誓願である。そなたはこの真意を広く説き伝え、すべての命あるものに聞かせなさい〉と仰せになった。そのとき、聖人が御堂

鸞聖人の伯父。後白河院に仕えた後、出家して観真と名乗った。原文の細註に「時に従四位上　前若狭守、後白河上皇の近臣なり、上人の養父」とある。

大僧正　僧官の最上位。

少納言　太政官の庶務を行う官職。ここでは親鸞聖人の呼び名（仮名）。

〜

天台宗　智顗によって大成され、最澄によって日本に伝えられた法門。『法華経』を出世本懐の教えであるとする。

三観仏乗の道理　天台宗の根本的な教え。空・仮・中の三種の観法によって生きとし生けるものがさとりを開くとする教え。

比叡山横川　比叡山延暦寺内の一地域。比叡山三塔の一。

の正面から東の方を見ると、険しくそびえ立つ山があり、その高い山に数え切れないほど多くの人々が集い群がっているのが見えた。そこで仰せの通り、その山に集う人々すべてに対し、誓願について説き聞かせ終わったところで、夢から覚めたのであった」

よくよくこの記録を拝読して夢の内容を考えてみると、これはただひとえに、浄土真宗が盛んになる兆しであり、念仏の教えが広く知られることを表している。そうであるから、聖人は後に、次のように仰せになっている。

「仏教は昔、遠く西のインドに興り、その経典や論書は今、はるか東の日本に伝わっている。これはひとえに※聖徳太子の広大な徳によるもので、その徳は山よりも高く海よりも深い。かつて＊欽明天皇の時代に仏教がもたらされたことで、浄土の教えのよりどころとなる経典や論書も伝来した。そのとき、もし聖徳太子があつい

四教円融の法義　天台宗の根本的な教え。蔵・通・別・円の四教を立てて釈尊一代の教説内容を判別し、その究極である円教の内容を三諦円融の理で解説する。

【三】　図解[五六]参照

建仁元年　一二〇一年。

親鸞聖人　原文の細註に「上人二十九歳」とある。

吉水　京都市東山区にあった地名。現在の知恩院の東方一帯を指す。

難行　修しがたい行法。種々の困難な行を修めて仏になろうとすること。易行に対する語。

易行　修しやすい行法。阿弥陀仏の本願を信じて念仏すること。難行に対する語。

浄土真宗　往生浄土の真実の教え。真実の教である『大経』に説かれた阿弥陀仏の選択本願を指し、具体

ご恩を施してくださらなかったら、どうして愚かな凡夫が※阿弥陀仏の*本願に出会えたであろうか。救世観音菩薩とはすなわち聖徳太子の*本地であり、仏法の興隆を願って太子としてお姿を現されたことを知らせようと、本地としてのお姿を示されたのである。

またそもそも、もし源空聖人が流罪とならなかったなら、どうしてわたしもまた流罪の地におもむくことがあったであろうか。そして、もしわたしが流罪の地におもむくことがなかったなら、どうして辺境の地の人々を教え導くことができたであろうか。これもまた、師である源空聖人のご恩によるところである。源空聖人とは*勢至菩薩の*化身であり、聖徳太子とは観音菩薩が現されたお姿である。そうであるから、わたしは二菩薩のお導きにしたがって、阿弥陀仏の本願を広めているのである。浄土真宗はこのようにして興隆し、念仏はこのようにして盛んとなっている。このことはみ

的には弘願他力の念仏成仏の教えをいう。

他力　阿弥陀仏の本願力。阿弥陀仏が衆生を救済するはたらき。

凡夫　愚かなものの意。真理にくらく、煩悩に束縛されて、迷いの世界を輪廻するもの。

【三】　図解七八参照。

建仁三年　一二〇三年。親鸞聖人三十一歳。原文の細註に「癸亥」とある。『恵信尼消息』第一通には、比叡山を下り六角堂に参籠して源空聖人のもとへ行かれた、と記されている。

親鸞夢記　同書は存在しないが、高田派専修寺に「親鸞夢記云…」（真仏上人書写）と記す文書が伝わる。

六角堂　現在の京都市中京区六角通東洞院西入ルにあ

なさとりを得た方の教えによるもので、愚かで道理に暗いわたしの考えをまじえるものではなく、二菩薩の願いは、ただ南無阿弥陀仏の＊名号を信じ称えることの他にない。今日の行者よ、誤って、お側に控える二菩薩に仕えることなく、ただ中心の阿弥陀仏を仰がねばならない」

このようなわけで、親鸞聖人は、阿弥陀仏にあわせて聖徳太子をも敬い仰がれている。これはつまり、仏法を世に広められた聖徳太子の大いなる恩徳に報謝するためである。

【四】　第四段

＊建長八年二月九日の深夜、明け方に＊蓮位房が夢のお告げを受けた。そこでは聖徳太子が親鸞聖人をうやうやしく礼拝し、次のように仰せになった。

「大いなる慈悲をそなえた阿弥陀仏を敬い礼拝したてまつる。真

る頂法寺。聖徳太子の創建と伝えられ、当時は観音菩薩の霊験のある寺として知られていた。

救世観音菩薩　観音菩薩は世の人々の苦を救うのでこの名がある。阿弥陀仏の左の脇士で、阿弥陀仏の慈悲の徳をあらわす菩薩。親鸞聖人の在世時は聖徳太子信仰が盛んで、太子の本地は観音であると広く信じられていた。

欽明天皇　六世紀中頃。継体天皇の嫡子。

本願　仏が菩薩の時におこした誓願をいう。また衆生救済のためのまさしく根本となる願をいう。ここでは阿弥陀仏の四十八願中とくに第十八願を指す。

本地　本体。本源。衆生済

実の教えを伝え広めるため、この世に親鸞聖人としてお生れになり、さまざまな濁りに満ちた時代の人々を、間違いなく速やかにこの上ないさとりに導いてくださる」

　このようなわけで、聖人が阿弥陀仏の化身でいらっしゃるのは明らかである。

【五】　第五段

　かつて源空聖人がご在世であった頃、深いあわれみの心から、あるときは『※選択集』を書き写すことをお許しになり、またあるときは聖人自ら名前をお書きくださった。そのことは、『※顕浄土真実教行証文類』の第六巻「化身土文類」に、親鸞聖人が次のように仰せになっている。

「ところでこの※愚禿釈の親鸞は、＊建仁元年に自力の行を捨てて本願に帰依し、＊元久二年、源空聖人のお許しをいただいて『選択

度のために現した仮の姿である垂迹身に対して、その本体の仏・菩薩をいう。

勢至菩薩　阿弥陀仏の右の脇士で、阿弥陀仏の智慧の徳をあらわす菩薩。

化身　衆生の素質や能力に応じて、さまざまに現れた身。

名号　一般にはすべての仏・菩薩の名前を名号という。浄土教では、とくに阿弥陀仏の名を指していう。親鸞聖人は、仏の衆生救済の願いが南無阿弥陀仏の六字の名号となって衆生の上に活動しているのであり、摂取して捨てないという仏意をあらわす本願招喚の勅命であるといわれた。

【四】　図解九参照。

建長八年　一二五六年。親鸞聖人八十四歳。原文の細

集』を書き写した。同年四月十四日には、〈選択本願念仏集〉という内題の文字と、〈南無阿弥陀仏　浄土往生の正しい行は、この念仏にほかならない〉というご文、並びに＊〈釈　綽空〉というわたしの名を、源空聖人が自ら書いてくださった。また同じ日に、源空聖人の絵像をお借りしてそれを写させていただいた。同じ元久二年の閏七月二十九日、その写した絵像に銘として、〈南無阿弥陀仏〉の六字の名号と、〈本願には、《わたしが仏になったとき、あらゆる世界の衆生がわたしの名号を称え、わずか十回ほどの念仏しかできないものまでもみな浄土に往生するであろう。もしそうでなければ、わたしは仏になるまい》と誓われている。その阿弥陀仏は今現に仏となっておられるから、重ねて誓われたその本願はむなしいものではなく、衆生が念仏すれば、必ず浄土に往生できると知るべきである〉と述べられている※『往生礼讃』の真実の文を、

註に「丙辰」とある。

蓮位房　（一一七八）常陸（現在の茨城県）下妻の人。「交名牒」には洛中居住の弟子としてその名がみられる。京都に住して聖人の晩年側近に侍した。本願寺坊官下間氏の祖とされている。

【五】　図解一〇二参照。

建仁元年　一二〇一年。親鸞聖人二十九歳。

元久二年　一二〇五年。親鸞聖人三十三歳。

釈綽空　親鸞聖人のこと。

源空聖人が自ら書いてくださった。また、わたしは、夢のお告げをいただいて、綽空という名をあらため、同じ日に、源空聖人は自らその名を書いてくださった。この年、源空聖人は七十三歳であった。

『選択集』は、*関白*九条兼実の求めによって著されたものである。浄土真実の教えのかなめ、他力念仏の深い思召しがこの中におさめられていて、拝読するものは容易にその道理に達することができる。まことに、たぐいまれなすぐれたご文であり、この上なく奥深い教えが説かれた尊い書物である。長い年月のうちに、源空聖人の教えを受けた人は数多くいるが、親疎を問わず、これを書き写すことを許されたものはごくわずかしかいない。それにもかかわらず、わたしは、すでにその書物を書き写させていただき、その絵像も写させていただいた。これは念仏の道を歩んできたことによる恵みで

関白　成人の天皇を補佐し政務を行う令外官の官職。

九条兼実　（一一四九―一二〇七）九条家の祖。仏教信仰にあつく源空聖人を師として受戒した。原文の細註に「月輪殿兼実、法名円照」とある。円照は円証の音通表記であろう。

あり、往生が定まっていることのしるしである。よって、喜びの涙を押えて、その次第を書き記すのである」

【六】　第六段

昔、源空聖人がご在世のとき、他力往生の教えを説き広められると、世の人々はみな聖人のもとに集まり、ことごとくその教えに帰依した。天皇や皇太子、大臣や公卿が朝廷で政治を行う際にも、阿弥陀仏の本願やその浄土に心が向けられた。それだけでなく、辺境の地のものや庶民に至るまで、この教えを仰ぎ、尊ばないものはなかった。身分の高いものも低いものも、分け隔てなく聖人のもとを訪ね、その門前は市場のように多くの人々でにぎわっていた。門弟としてお側で親しく仕えるものも多く、その数は三百八十人余りといわれる。しかしながら、聖人から直接教え導かれ、その言葉通りにしているものは極めてまれであり、わずか五、六名にも

【六】　図解三三参照。

満たなかった。あるとき、親鸞聖人が源空聖人に、次のようにお申し出になった。

「わたしは、*難行道をさしおいて*易行道に移り、*聖道門を離れて*浄土門に入ることができました。源空聖人のお言葉を聞かせていただくことがなかったなら、どうして迷いの世界から抜け出るすぐれた因を身にそなえることができたでしょうか。喜びの中の喜びであり、これに過ぎるものはありません。しかしながら、同門として親交を深め、ともに聖人の教えを仰ぐ人々は数多くいますが、真実の浄土に間違いなく往生できる信心を得ているかどうかは、お互いに知ることができません。そこで、一つには浄土でも親しい友であるかを知るために、一つにははかないこの世の思い出とするために、お弟子たちがお集まりの場で質問させていただき、それぞれのおこころをうかがってみたく思います」

難行道　種々の困難な行を修めて仏になろうとする自力の道。

易行道　阿弥陀仏の本願力によって浄土に往生してさとりを開く他力の道。

聖道門　自力の修行によって、さとりを開くことをめざす教え。浄土門に対する語。

浄土門　阿弥陀仏の本願力によって、その浄土に往生してさとりを開く教え。聖道門に対する語。

すると源空聖人は、「それは実にもっともなことである。では早速、明日、皆が集まったときに申し出られるがよい」と仰せになった。そこで翌日、門弟たちが集まったところで、親鸞聖人が、「今日は、*信不退か*行不退か、どちらかの席に分れていただきます。どちらの席にお着きになられるか、それぞれのおこころをお示しください」と仰せになった。そのとき、集まった三百人余りの門弟たちは、その意味をはかりかねるようであったが、*聖覚法印と*法蓮房は、「信不退の席に着こうと思う」といわれた。そこへ、遅れてやって来た*法力房が、「いったい*善信房は、筆を手に何をしておられるのか」と尋ねたので、親鸞聖人は、「信不退と行不退のどちらかの席に分れていただいているのです」と仰せになった。すると法力房は、「それならわたしも入らねば。信不退の席に着こうと思う」といわれたので、法力房の名を信不退の席に書き加えられた。

信不退　阿弥陀仏の本願を信じる一念に浄土往生が決定するという立場。

行不退　念仏の行をはげみ、その功徳によって浄土往生が決定するという立場。

聖覚法印　（一一六七—一二三五）源空聖人の門下の一人で、著書に『唯信鈔』等がある。親鸞聖人の法兄。

法蓮房　（一一四六—一二二八）称弁のこと。藤原行隆の子（信空）と伝える。はじめ比叡山の叡空に師事し、その死後、源空聖人のもとで専修念仏に帰依した。その門流を白川門徒という。

法力房　（一一四一—一二〇八）蓮生のこと。俗名は熊谷次郎直実。源頼朝に仕える武士であったが、出家して源空聖人の門に入った。原文の細註に「熊谷直実入

その場には数百人もの門弟たちが集まっていたが、他に言葉を発するものは誰もいなかった。これは恐らく、自力のはからいにとらわれたままで、＊金剛にたとえられる真実の信心を得ていなかったことによるのであろう。このように皆が沈黙している間に、親鸞聖人はご自身の名を信不退の席に書き加えられた。そしてしばらくして、師である源空聖人が、「わたしも信不退の席に連なろうと思う」と仰せになった。そのとき、ある門弟は、頭を垂れて敬いの思いを表し、ある門弟は、内につのる悔しさを滲ませた。

【七】　第七段

親鸞聖人が、次のように仰せになった。

「かつて、師である源空聖人の前で、＊正信房・＊勢観房・＊念仏房をはじめ、多くの門弟たちがいたとき、思いもよらない論争になったことがあった。どういうことかというと、〈源空聖人のご信心と

道」とある。

善信房　親鸞聖人のこと。

金剛　何ものにも破壊されない堅固なことをいう。このことから最上・最勝の意に用いられる。

【七】　図解四参照。

正信房　（一一七六―一二五三）湛空のこと。はじめ比叡山の実全に師事したが、後に源空聖人に帰依し、京都嵯峨の二尊院に住して念仏を広めた。その門流を嵯峨門徒という。

勢観房　（一一八三―一二三八）源智のこと。十一歳で源空聖人のもとにあずけられ、聖人示寂まで常随した。京都の百万遍知恩寺の開基で、その門流を紫野門徒という。

念仏房　生没年未詳。念阿

わたしの信心は、ほんの少しも異なることがあるはずがない。まったく同じである〉と申したところ、門弟たちが、〈善信房がいう、源空聖人のご信心と自身の信心が等しいという道理はない。どうして等しいことがあろうか〉ととがめたのである。

そこでわたしが、〈どうして等しいといえないことがあるだろうか。なぜなら、源空聖人の深い智慧や広い知識と等しいというのなら、まったく身のほどをわきまえないということにもなろうが、浄土に往生させていただく信心となれば、ひとたび他力の信心という道理を承って以来、そこに自分のはからいはまったくまじらない。そうであれば、源空聖人のご信心も他力によりいただかれたものであり、わたしの信心も他力によるものである。このようなわけで、等しくて少しも異ならないというのである〉と申したところ、源空聖人がはっきりと、〈信心が異なるというのは、自力の信につ

弥陀仏のこと。比叡山の僧であったが、源空聖人に帰依し、晩年、嵯峨往生院（現在の祇王寺）に住したという。

いてのことである。すなわち、智慧がそれぞれ異なることにより、自力の信もそれぞれ異なるのである。他力の信心は、善人も悪人も、すべての凡夫がともに仏よりいただく信心であるから、この源空の信心も、善信房の信心も、少しも異なることなくまったく同じなのである。自分の智慧により信じるのではない。信心がそれぞれ異なっておられる人々は、わたしが往生する浄土に、まさか往生することはないであろう。よくよく心得なければならないことである〉と仰せになったのである。ここに至って、門弟たちは驚嘆し、口を閉じて論争がやんだのである」

【八】　第八段

お弟子の*入西房が、日頃より親鸞聖人の絵像を写させていただきたいという思いを持っていたところ、その思いを察した聖人が、「七条辺りにいる*定禅法橋に写させるがよい」と仰せになった。

【八】　図解[一五][一六]参照。

入西房　伝未詳。一説では常陸大門（現在の茨城県常陸太田市）の道円のことであるという。

定禅法橋　伝未詳。専阿弥陀仏（袴殿。鏡御影の作者）と同一人物であるともいわれるが不明。原文の細註に「七条辺に居住」とある。

入西房は、聖人が察してくださったことを深く喜び、早速、定禅を招き寄せた。定禅はただちにやって来て、聖人のお顔を拝見し、「昨晩、実に不思議な夢を見たところです。その夢の中で拝見した尊い僧のお顔は、今お会いしている聖人のお顔とほんの少しも違いがありません」と申しあげるやいなや、深い喜びと感嘆の念をこめ、自らその夢のことを次のように語った。

「尊い姿の二人の僧が訪ねてきて、その一人が、〈こちらの尊い僧の姿を絵像にしてほしいと思うのであるが、どうかあなたに筆を取ってもらいたい〉と仰せになりました。そこでわたしが〈こちらの僧はどういったお方でしょうか〉とお尋ねすると、僧が〈*善光寺を創建した方である〉と仰せになったので、わたしは合掌してひざまずき、夢の中で、これは生きたお姿の阿弥陀仏に違いないと思い、全身が震えるほどに感動しながら、あつく敬い尊んだのです。また、

善光寺　『善光寺縁起』によると、同寺は、百済から渡来した阿弥陀三尊像（一光三尊像）を、推古天皇十年（六〇二）、本田善光が信濃の自宅に安置し、皇極天皇元年（六四二）、さらにこれを同国水内郡芋井郷（現在の長野市）に移し堂宇を造営したのが起源であるという。

〈お顔だけを写せばそれで良い〉とも仰せになり、このように会話を交わしたところで、夢から覚めました。そして今、こちらの住坊にやって来て拝見した聖人のお顔が、夢で見た尊い僧と少しも違いはありません」

このように語った定禅は喜びの余り涙を流したのである。そうであれば、夢の通りにしようということで、このときも聖人のお顔だけを写させていただいた。定禅がこの夢を見たのは、*仁治三年九月二十日の夜のことである。

よくよくこの不思議な出来事を考えてみると、聖人が阿弥陀仏の化身としてこの世に現れた方であることは明らかである。そうであるから、聖人が説き広められた念仏の教えは、恐らくは阿弥陀仏の直接のご説法といえるに違いない。それは、*煩悩の汚れのない智慧の灯火を明らかにかかげ、濁りに満ちた迷いの闇をどこまで

仁治三年　一二四二年。親鸞聖人七十歳。

煩悩　身心を煩わせ、悩ませる精神作用の総称。衆生はこの煩悩によって業を起し、苦報を受けて迷界に流転する。煩悩のなかで代表的な貪欲（むさぼり）・瞋恚（いかり）・愚痴（おろかさ）を三毒という。

も照らし、*甘露の雨のように素晴らしい教えを広くそそぎ、功徳の水に渇いたすべての凡夫を潤そうとするためのものである。仰ぎ信じなければならない。

甘露　不死の効能がある仙酒・霊薬。仏法のすぐれた奥深い味をあらわす時の喩えとして用いられる。

本願寺聖人親鸞伝絵　下

【九】　第一段

※浄土宗が世に広まったことにより、*聖道門の諸宗が衰えていった。奈良の*興福寺や比叡山*延暦寺の高位の学僧たちは、これは※源空聖人のせいであるとし、すみやかに処罰すべきであると怒りを込めて訴え出た。『顕浄土真実教行証文類』の第六巻「化身土文類」には、親鸞聖人が次のように仰せになっている。

「わたしなりに考えてみると、聖道門のそれぞれの教えは、行を修めさとりを開くことがすたれて久しく、*浄土真宗の教えは、さとりを開く道として今盛んである。しかし、諸寺の僧侶たちは、教えに暗く、何が真実で何が方便であるかを知らない。朝廷に仕え

【九】　図解［一七］～［三］参照。

聖道門　自力の修行によって、さとりを開くことをめざす教え。浄土門に対する語。

興福寺　法相宗本山。南都七大寺の一で、南都教学の中心的存在として栄えた。元久二年（一二〇五）十月、「興福寺僧綱大法師等」の言として源空聖人の専修念仏に対して過失九箇条を挙げて論難し、処罰を求めた。これを「興福寺奏状」という。

延暦寺　日本天台宗本山。山号は比叡山。最澄が延暦四年（七八五）に東大寺戒壇で受戒し、比叡山に入り一乗止観院を建立したことに始まる。東塔・西塔・横川の地域に多くの堂舎が建立されて発展し、後に源

ている学者たちも、行の見分けがつかず、よこしまな教えと正しい教えの区別をわきまえない。このようなわけで、興福寺の学僧たちは、＊後鳥羽上皇・＊土御門天皇の時代、＊承元元年二月上旬、朝廷に専修念仏の禁止を訴えたのである。天皇も臣下のものも、法に背き道理に外れ、怒りと怨みの心をいだいた。そこで浄土真宗を興された祖師源空聖人をはじめ、その門下の数人について、罪の内容を問うことなく、不当にも死罪に処し、あるいは僧侶の身分を奪って俗名を与え、遠く離れた土地に流罪に処した。わたしもその一人である。だから、もはや僧侶でもなく俗人でもない。このようなわけで、〈禿〉の字をもって自らの姓としたのである。源空聖人とその門弟たちは、遠く離れたさまざまな土地へ流罪となって五年の歳月を経た」

源空聖人は罪人としての名を藤井元彦、＊土佐の国の幡多に流罪と

空聖人、親鸞聖人をはじめとする鎌倉仏教の祖師たちが修学するなど日本仏教の中心地であった。

浄土真宗　往生浄土の真実の教え。真実の教である『大経』に説かれた阿弥陀仏の選択本願を指し、具体的には弘願他力の念仏成仏の教えをいう。

後鳥羽上皇　後鳥羽天皇（一一八〇―一二三九）は一一八三年に即位し、在位十五年で譲位して上皇となった。承久三年（一二二一）、北条氏追討の院宣を下したが失敗して隠岐に配流された（承久の乱）。

土御門天皇　（一一九五―一二三一）後鳥羽天皇の第一皇子。一一九八年から一二一〇年まで在位。承久の乱の後、自ら進んで土佐の

され、親鸞聖人は罪人としての名を藤井善信、*越後の国の国府に流罪とされた。この他に死罪や流罪とされた門弟たちもいたが、今は略する。そして*順徳天皇の時代、*建暦元年十一月十七日、*岡崎中納言範光卿より赦免の勅命が下された。そのとき、親鸞聖人が前述の通り「禿」の字を自らの姓とするよう朝廷に申し出られたところ、天皇は深く感心しておほめになり、臣下たちも大いにほめたたえたのである。赦免の勅命を受けた後も、聖人はその地の人々を教え導くため、もうしばらくとどまっておられた。

【一〇】　第二段

親鸞聖人は、越後の国から*常陸の国に移られ、*笠間郡稲田郷という地に隠居された。静かに住まわれていたが、出家のものも在家のものも次々と訪れ、門戸を閉ざしていても、辺りは身分を問わず多くの人々であふれた。仏法を世に広めるという本意がここにかな

国に、そして、阿波の国に赴いた。

承元元年　一二〇七年。親鸞聖人三十五歳。建永二年十月二十五日に承元に改元された。

土佐の国の幡多　現在の高知県四万十市および幡多郡。源空聖人は実際には讃岐(現在の香川県)に留まった。

越後の国の国府　現在の新潟県上越市付近。

順徳天皇　(一一九七—一二四二)後鳥羽天皇の皇子。土御門天皇に続き、一二一〇年から一二二一年まで在位。承久の乱に敗れ、土佐の国に配流された。原文の細註に「諱守成、佐渡院と号す」とある。

建暦元年　一二一一年。親鸞聖人三十九歳。

岡崎中納言範光　(一一五四—

い、人々を救うという長年の思いがすみやかに満たされたのである。このとき聖人は、「＊かつて＊救世観音菩薩から受けた夢のお告げが、今まさにその通りになっている」と仰せになった。

【二】　第三段

親鸞聖人が、常陸の国で専修念仏の教えを説き広められたところ、疑い謗るものはわずかであり、信じしたがうものが多かった。しかし、＊修験道を修める一人の山伏がおり、何かにつけて念仏の教えに敵意をいだき、ついには聖人に危害を加えようと、折に触れその動向をうかがっていた。聖人が＊板敷山という奥深い山を常に行き来しておられたので、その山でたびたび待ち構えていたが、行き違いでなかなかその機会を得られないでいた。そのことをよくよく考えてみると、何とも不思議に思えてならない。そこで、聖人に直接会おうと思い立ち、住坊を訪ねると聖人はためらいもなく

一二一三）藤原範光のこと。式部少輔従三位範兼の子。ただし、承元元年（一二〇七）に出家しており、当時の赦免官は藤原光親であった。

【一〇】　図解[二三][二四]参照。

常陸の国　現在の茨城県。

笠間郡稲田郷　現在の茨城県笠間市稲田町。

かつて…お告げ　『御伝鈔』上巻第三段の『親鸞夢記』のこと。

救世観音菩薩　観音菩薩は世の人々の苦を救うのでこの名がある。阿弥陀仏の左の脇士で、阿弥陀仏の慈悲の徳をあらわす菩薩。親鸞聖人の在世時は聖徳太子信仰が盛んで、太子の本地は観音であると広く信じられていた。

【二】　図解[二五][二六]参照。

修験道　日本古来の山岳信

出てこられた。そのとき、聖人のお顔をまのあたりにすると、危害を加えようという思いはたちまち消え失せ、そればかりか後悔の涙がとめどなくあふれ出た。しばらくして、これまで積み重ねてきた思いをありのままに打ち明けたが、聖人は少しも驚かれた様子はなかった。その山伏は、その場で弓矢を折り、刀や杖の武具を捨て、修験道で身に着ける頭巾や柿色の衣を脱ぎ捨て、仏教に帰依して僧となり、ついには浄土往生の思いを遂げたのである。まことに不思議なことである。この僧とは*明法房のことであり、その名は聖人がおつけになったものである。

【三】　第四段

親鸞聖人は、関東の地を出発し、京都への旅路におつきになった。ある日、日暮になって箱根の険しい山にさしかかり、人の歩いた跡を頼りに道を進み、ようやく人家が見えてきたのは、すでに明

仰と密教などが習合したもの。山岳で厳しい行を修め、験力を得て加持祈祷の効験をあらわすこと。

板敷山　茨城県の筑波山地にある山。当時、筑波山地は修験道の行場となっていた。

明法房　生没年未詳。証信のこと。「交名牒」によると常陸（現在の茨城県）北郡の住とある。

【三】　図解㉗参照。

け方近く、月も傾き山に隠れようとする頃だった。そこで、聖人がその人家を訪れて案内を請うたところ、立派な装束を身に着けたかなり高齢の老人が、すぐさま出てきて次のようにいった。

「お社近くのならわしとして、*権現さまにお仕えするものたちは、夜通し*神楽を勤めます。わたしもそこにおりましたところ、今しがたうとうと眠ったらしく、夢かうつつか定かでない中に、権現さまが〈わたしが敬っている客人が、いまこの道を過ぎようとしておられる。必ずきちんと礼節を尽くし、特に心を込めてもてなすがよい〉とお告げになったのです。そのお告げから、まだ覚め終らないうちに、にわかにあなたがお姿を現されました。どうしてただ人でいらっしゃるでしょうか。権現さまのお告げは明らかであり、仰せの通りあつく敬わねばなりません」

そして、丁重に聖人を招き入れ、さまざまな素晴らしい食べ物

権現　箱根権現のこと。箱根神社（神奈川県足柄下郡箱根町）の祭神。当時、流布していた本地垂迹説（日本の神を仏・菩薩の仮の現れとする説）によって、権現（仮の現れという意の称号）と呼ばれた。

神楽　神社の祭りで神に奉納する歌舞のこと。

を色々とあつらえてもてなしたのであった。

【三】　第五段

親鸞聖人がふるさとの京都に戻り、過ぎし日々を振り返ると、すべては移りゆく夢幻のようであった。京都でのお住まいも、跡を残すことを望まないことから、右京や左京を転々としておられたが、五条西洞院辺りでは、良き地としてしばらくとどまっておられた。

その頃、かつて関東で念仏の教えを直接受けた門弟たちが、それぞれに聖人を慕って遠路はるばる集まってこられ、その中に、*常陸国那荷西郡大部郷の*平太郎というものがいた。聖人の仰せにしたがい、念仏の教えをひとすじに信じていたが、あるとき領主の従者として*熊野に参詣しなければならないことになり、その是非をお尋ねするために聖人を訪ねてきたのである。聖人は、次のように仰せになった。

【三】　図解〔三八〕～〔四〇〕参照。

常陸国那荷西郡大部郷　現在の茨城県水戸市飯富町。

平太郎　生没年未詳。『親鸞聖人御消息』（三二）に出る「おほぶの中太郎」と同一人物ともいわれる。水戸市飯富町には真仏寺があり、平太郎真仏を開基とする。

熊野　和歌山県南部にある熊野本宮大社（本宮）・熊野速玉大社（新宮）・熊野那智大社（那智）の熊野三山。本宮の証誠殿は特に尊崇された。

「聖教にはさまざまな教えが説かれている。どの教えも、それを聞くものにふさわしいものであれば、大いに利益がある。しかし＊末法の世の今、聖道門の行を修めることによりさとりを得ることは、とてもできない。すなわち『※安楽集』に、〈末法の世には、どれほど多くのものが仏道修行に励んだとしても、一人としてさとりを得るものはいないであろう〉といわれ、〈ただ浄土の教えだけがさとりに至ることのできる道なのである〉といわれる通りである。この内容はみな、経典や祖師方の書かれたものに明らかであり、釈尊がお説きになった尊い教えである。そして今、〈ただ浄土の教えだけ〉といわれるこの真実の教えを、ありがたいことにインド・中国・日本の祖師方がそれぞれに説き広められている。そうであるから、この愚禿が勧めるところに、自分のはからいはまったくまじらない。

末法　正法・像法・末法の三時の一。教のみあって行と証のない仏教衰微の時代。像法のあと、一万年続くという。

その中で、ただひたすら阿弥陀仏に向かう〈一向専念〉の法義は、往生の肝要であり、浄土真宗の骨格である。このことは、*浄土三部経に隠顕があるとはいえ、表に顕れた言葉からも奥に隠れた本意からも明らかである。『※無量寿経』では*三輩段にも〈一向〉と勧め、*流通分では念仏一行を※弥勒菩薩に託し、『※観無量寿経』の*九品段ではひとまず*〈三心〉と説き、また流通分でこれを*阿難に託し、『※阿弥陀経』では*〈一心〉が真実であることを諸仏が証明しておられる。こうしたことから、※天親菩薩は*本願の〈三心〉を*〈一心〉と示し、※善導大師はこれを〈一向〉と釈されている。したがって、どの言葉によったとしても、〈一向専念〉の法義が成り立たないことはあり得ない。

*証誠殿におられる熊野権現の*本地は浄土の教主、阿弥陀仏である。そのようなわけで、あらゆるものと何としてでも縁を結ぼうと

浄土三部経　『仏説無量寿経（大経）』・『仏説観無量寿経（観経）』・『仏説阿弥陀経（小経）』のこと。浄土真宗の正依の経典。

三輩段　浄土往生を願うものを、その修行の別によって上輩・中輩・下輩の三種に区別して説かれた一段。

流通分　その経の教えを伝持流通することを勧める部分。

九品段　浄土往生を願うものを、その修行の別によって九種の階位に区別して説かれた一段。

三心　至誠心・深心・回向発願心の三心。ここでは他力の三心の意。第十八願の三心に同じ。

阿難　梵語アーナンダの音写の略。釈尊の従弟にあたり、多聞第一と称された。

する深いお心で、権現としてこの世に姿を現されるのである。その本意は、縁のあるものすべてを本願の教えに導くことの他にない。そうであるから、阿弥陀仏の本願を信じて一向に念仏するものとしては、公務にしたがい領主に仕える中で、熊野の地におもむき権現の社に参詣することは、決して自ら願って行うわけではない。したがって、権現に向かって、心の内に嘘偽りをいだいている身でありながら、外見だけ賢者や善人らしく励む姿を示してはならず、ただ本地である阿弥陀仏の本願におまかせしなければならない。謹んで申しあげる。これは神の権威を軽んじることではなく、神も決して怒りを向けられることはない」

聖人のこの仰せにしたがい、平太郎は熊野に参詣した。道中の作法を重んじて守ることは特にせず、ただ愚かな凡夫の心情のままに、ことさらに身心を清めることもなかった。いついかなるとき

釈尊の十大弟子の一人。

一心　「名号を執持すること…一心にして乱れざれば」とある。ここでは他力の一心の意。

本願の三心　第十八願の至心・信楽・欲生の三心。

一心　『浄土論』に「世尊、われ一心に尽十方無礙光如来に帰命したてまつりて…」とある。ここでは他力の一心の意。

証誠殿　熊野本宮の主殿の称。

本地　本体。本源。衆生済度のために現した仮の姿である垂迹身に対して、その本体の仏・菩薩をいう。

も阿弥陀仏の本願を仰ぎ、聖人の教えに忠実にしたがっていたのである。そして無事に熊野に到着した日の夜、夢の中で、証誠殿の扉が開いて中から高貴な身なりの男が現れ、「そなたはどうしてわたしを軽んじ、身心を清めることなく参詣するのか」と告げられた。そのとき、その男に向き合って、座った親鸞聖人がにわかに現れ、「このものはわたしの教えにしたがい念仏しているものである」と仰せになった。それを聞いた男が姿勢をただし、深く敬意を込めて礼拝し、再び言葉を発する様子がなくなったところで、夢から覚めた。このときいだいた不思議な思いは、とても言葉にできるものではない。熊野から戻った後、平太郎は聖人の住坊を訪ね、このことを詳しく申しあげると、聖人は「そういうことである」と仰せになった。これもまた実に不思議なことである。

【一四】第六段

【一四】図解㉜～㉟参照。

親鸞聖人は、*弘長二年の十一月下旬頃より、少しばかり病気にかかられたご様子であった。それからは世間の事を口にされず、ただ阿弥陀仏のご恩の深いことを述べ、他のことを声に出すことなく、ひたすら念仏を称えて絶えることがなかった。そして、その月の二十八日の*正午頃、頭を北に、顔を西に向け、右脇を下にして横たわり、ついに念仏の声の絶える時が来た。お年は九十歳に達していらっしゃった。住坊は京の都、押小路の南、万里小路の東の辺りにあったので、そこから遠く鴨川の東の道を経て、東山の西の麓、*鳥部野の南辺りの*延仁寺で葬送した。そして、遺骨を拾い、同じ東山の麓、鳥部野の北辺りの大谷の地に納めたのである。

聖人の臨終に立ち会った門弟や、親しく教えを受けた人々は、それぞれにご在世の頃を思い、世を去られた今の時を悲しみ、聖人を慕う思いから涙を流さないではいられなかった。

弘長二年の十一月下旬頃　一二六三年にあたる。なお、弘長二年のほとんどの期間は西暦一二六二年に該当するが、十一月二十八日は新暦の一月十六日にあたる。

正午　原文は「午時」であるが、「未時」(午後二時頃)とする史料もある。

鳥部野　京都東山の西南麓一帯の地名。鳥部山ともいう。平安時代から荼毘所および墓所であった。

延仁寺　鳥部野にあった火葬場の寺と伝えられている。

【一五】　第七段

*文永九年の冬頃、東山の西の麓、鳥部野の北、大谷の地に納めた遺骨を改葬し、そこからさらに西、吉水の北辺りに納め直し、その地に仏堂を建て、親鸞聖人の*影像を安置した。この頃には、聖人がお伝えになった浄土真宗の教えがいよいよ盛んとなり、残されたお言葉がますます世に広まるその様子は、かつてご在世であった頃をはるかにしのいでいた。門徒たちは全国各地に満ちあふれ、その流れをくむ人々はあちこちに行き渡り、その数はもはや幾千万とも知れない。受け継いだ教えを大切にし、報謝の思いを強く持つものは、出家のものも在家のものも、老いも若きもみなそれぞれ、年ごとに聖人の廟堂まで足を運んでいる。

聖人のご在世の間には、数多くの不思議な尊い出来事があったが、すべてを詳しく述べることはとてもできない。しかしその中で、

【一五】　図解三六参照。

文永九年　一二七二年。親鸞聖人没後十年。

影像　本願寺の御影堂に安置されている親鸞聖人の像(木像)のこと。寛元元年(一二四三)聖人七十一歳のときの自刻の像といわれ、聖人が往生された後、その遺灰を漆に混ぜて像全体に塗り込めたと伝えられることから、骨肉御影・生身御影ともいわれる。

略して記したところである。

奥書には次のように記されている。

　このように、親鸞聖人のご生涯の絵巻を作成したのは、ただ聖人の恩徳に報謝するためであり、いたずらに物語を楽しむためではない。それに加えて、筆をとり文章を書き並べている。その体裁はいかにも未熟であり、言葉も浅くつたないものである。仏がたにも人々にも、ご覧いただくには痛ましく恥ずかしい。しかしながら、その扱いはただ後の世の賢明な方々にお任せすることとし、今はわたしの愚かな誤りを顧みることはしないこととする。

*永仁三年十月十二日、夕方近く、草稿を書き終えた。

絵師　*法眼*康楽寺　*浄賀

*暦応二年四月二十四日、ある写本により急ぎこの絵巻を書き写した。

永仁三年　一二九五年。親鸞聖人没後三十三年。覚如上人二十六歳。

法眼　僧侶の位の一つで、仏師や絵師などに朝廷から授けられた位階。

康楽寺　浄賀をはじめ宗舜、円寂など、代々絵師として本願寺と深いかかわりをもつ。西仏を開基とする長野市篠ノ井塩崎にある本願寺派の寺院とする説もある。

浄賀　康楽寺流の絵師。『親鸞伝絵』の初稿本の絵師。

暦応二年　一三三九年。親鸞聖人没後七十七年。覚如上人七十歳。

先年わたしがこれを作成して以来、一本を所持していたが、戦乱により火災があった際、焼失して行方が知れなくなった。それが今、思いがけずある写本を入手したので書き写し、これを残し置くものである。

＊康永二年十一月二日、書き終えた。

僧　※釈宗昭

絵師　＊大法師＊宗舜　康楽寺浄賀の弟子

康永二年　一三四三年。親鸞聖人没後八十一年。覚如上人七十四歳。

大法師　仏師や絵師などに朝廷から授けられた位階。

宗舜　康楽寺流の絵師。浄賀の子。

御(ご)俗(ぞく)姓(しょう)

本書は、『俗姓の御文』とも称される。これは第八代宗主蓮如上人が、宗祖親鸞聖人の御正忌報恩講に際して示された教語である。

本文は五段に分かれる。第一段には、聖人は藤原氏で、皇太后宮の大進有範の子であるという聖人の俗姓が説かれている。

第二段は、聖人は阿弥陀仏の化身であり、あるいは曇鸞大師の再誕であって、ただ人ではないといい、九歳の時慈鎮和尚の門で出家し天台宗の碩学となり、二十九歳の時法然聖人の禅室に至り、上足の弟子となり、真宗一流を汲み、専修専念の義を立て、凡夫のままで往生できる真実の信心を示して、在家の愚人を浄土に往生するよう勧められたことを記されている。

第三段は、十一月二十八日の聖人遷化の御正忌に報謝の志を運ばないものは木石にも等しいと誡められている。

第四段は、報恩謝徳をなすことこそ、報恩講の眼目であるが、もし未安心であるならば、真の報謝にはならないことを、ねんごろに教示し、真の正信念仏者になるのでなければ、祖師の御恩に報いることにはならないと説かれている。

第五段は、真実信心の人の少ないことを嘆きつつ、一念帰命の真実信心を勧められている。

御俗姓

【一】宗祖※親鸞聖人の出家前の氏姓についていえば、藤原氏の流れにあり、後長岡大臣＊藤原内麿公の子孫、＊皇太后宮大進＊日野有範公の子息である。またその＊本地についてうかがえば、※阿弥陀仏の＊化身ともいわれ、あるいは※曇鸞大師の生れ変りともいわれる。このようななかで、九歳の年の春、※慈円の門下に入り、出家＊得度して範宴＊少納言公と名乗られた。それ以来、比叡山横川に伝わる※源信和尚の流れを汲み、＊天台宗の学問を深く極められたのである。その後、二十九歳の時に至り、※源空聖人の住坊を訪ねてその高弟となり、浄土真実の教えを受け継いで専修念仏の法義を明らかにし、＊凡夫のままで往生できる真実の信心を示して世俗に生きる愚

藤原内麿（七五六―八一二）藤原鎌足三代後の孫、藤原真楯の三男。

皇太后宮大進　皇太后宮職の第三等官。

日野有範　生没年未詳。親鸞聖人の父。皇太后宮大進を退いた後、山城三室戸（現在の京都府宇治市）に隠棲したという。

本地　本体。本源。衆生済度のために現した仮の姿である垂迹身に対して、その本体の仏・菩薩をいう。

化身　衆生の素質や能力に応じて、さまざまに現れた身。

得度　僧侶となること。師弟同信の約を結ぶ儀式。

少納言　太政官の庶務を行う官職。ここでは親鸞聖人の呼び名（仮名）。

天台宗　智顗によって大成され、最澄によって日本に

かな凡夫を教え導き、真実の浄土への往生をお勧めくださったのである。

【三】 思えば、この十一月二十八日は、宗祖親鸞聖人がご往生された*御正忌である。毎年訪れるこの御正忌のことは、教えに親しいものもそうでないものも、昔から今に至るまで念仏するものであれば知らないものはない。そうであるから、*浄土真宗に身を置いて信心を得たもののなか、この御正忌に際して報謝の志を寄せないようなものは、まったく木石にも等しい心なきものでしかない。

そのようななかで、聖人の恩徳は高さ八万*由旬といわれる*須弥山より高く、深さ三千里といわれる大海の底より深いものであり、その尊い恩徳に報謝せずにいられるものではない。そこで毎年の仏事として、七日間にわたり、恩徳に報謝するために唯一無二の勤行を法式に沿って営むのである。この七日間の*報恩講に際しては、門

伝えられた法門。『法華経』を出世本懐の教えであるとする。

凡夫 真理にくらく、煩悩に束縛されて、迷いの世界を輪廻するもの。

御正忌 祥月命日のこと。新暦では一月十六日にあたる。

浄土真宗 往生浄土の真実の教え。真実の教である『大経』に説かれた阿弥陀仏の選択本願を指し、具体的には弘願他力の念仏成仏の教えをいう。

由旬 梵語ヨージャナの音写。インドの距離の単位。一由旬は帝王一日の行軍の距離、または牛車の一日の旅程とされる。

須弥山 須弥は梵語スメールの音写。古代インドの世界観によるもので、世界の中

徒が全国各地から相集うのであり、今も衰退することなく続いている。しかしながら、真実の信心を得ていないものが、どうして恩徳に報謝することができるだろうか。そのようなものが、この御正忌に際し、信じるところをお互いに尋ねあい、聞きあうことで、真実の信心を定められるようなら、それこそまことに聖人の恩徳に報謝する志としてふさわしいものである。

【三】 身にしみて感じることであるが、親鸞聖人のご往生は遠い昔のこととなり、※すでに二百年余りの年月を経ているものの、遺されたみ教えはますます盛んであり、＊「教行信証」として示された法義は、今も世の人々の心に残り語り継がれている。まさに尊ぶべきものであり、信じるべきものである。

このことについて、今の浄土真宗の行者のなかで、真実の信心を得ているものはきわめて少ない。ただ世間の良い評判を求めて

心に高くそびえる巨大な山。

報恩講 親鸞聖人の祥月に聖人の御遺徳をしのび、ご恩を報謝して営む法要をいう。

教行信証 親鸞聖人があきらかにされた浄土真宗の教義体系のこと。教とは釈尊が出世本懐として説かれた『大経』であり、これに説かれているのが行・信・証の因果である。行とは衆生の上で念仏となってはたらく本願の名号、信とはこの名号を領受した他力信心のこと。証とは行信の因徳が仏果（涅槃）としてあらわれること。

恩徳に報謝するというのなら、どれほど志を寄せたとしても、*他力真実の信心が定まっていないものに、その甲斐はない。まことに「水に入っていながら垢を落とさない」と譬えられるようなものであろう。そうであるから、この七日間の報恩講の間に、他力*本願の道理を心から聞きひらき、疑いなくひとすじに念仏する行者となってこそ、実にこのたびの聖人の御正忌を営む本意にかなうことになる。そうなってこそ、まことに聖人の恩徳に報謝する尊い仏事といえるのである。謹んで申しあげます。

*文明九年十一月初旬、ふと思い立って親鸞聖人の恩徳に報謝するために、筆を取り書き記したものである。

他力　阿弥陀仏の本願力。阿弥陀仏が衆生を救済するはたらき。

本願　仏が菩薩の時におこした誓願をいう。また衆生救済のためのまさしく根本となる願をいう。ここでは阿弥陀仏の四十八願中とくに第十八願を指す。

文明九年　一四七七年。蓮如上人六十三歳。

訳註

凡　例

一、訳註は、解釈の分れる箇所や、留意すべき重要な箇所について、本文の頁数を付して掲載した。

二、見出しについては、註を付す箇所の全体をあげ、またはその始めと終りを「…」でつないで示した。

三、特に内容的に関連すると思われる訳註については、その参照すべき見出しへの指示を、註記の末尾に「↓○○」として示した。

例　↓ 三 **親鸞聖人**

四、訳註において用いた「原文」の語は、底本である『註釈版聖典』の本文を指す。

三　**親鸞聖人**（一一七三―一二六三）浄土真宗の開祖。日野有範の長子。『御伝鈔』によれば、九歳の時に慈円和尚（慈鎮）について出家し、範宴と名乗られたという。以後二十年間、比叡山で修学されたが、その間には常行三昧堂の堂僧をつとめておられたとみられている。建仁元年（一二〇一）二十九歳の時、比叡山を下り、六角堂に参籠し、九十五日目の暁、聖徳太子の夢告をうけて、吉水に法然聖人を訪ね、その門弟となられた。元久元年（一二〇四）比叡山の圧力に対して法然聖人が提出された「七箇条制誡」に、「僧綽空」と署名されている。翌元久二年（一二〇五）『選択本願念仏集（選択集）』を付属されてこれを書写するとともに法然聖人の真影を図画し、夢告により「綽空」の名を改めたという。なお、この改名について、従来、覚如上人の『拾遺古徳伝』及び存覚上人の『六要鈔』の記述などから、「善信」に改めたとみられているが、当時、房号と諱（実名）を兼ねる例は稀であり、乗専の『最須敬重絵詞』に「聖人（源空）にもうされて善信（房号）とあらため、また実名を親鸞と号したまいき」などとあることから、「親鸞」に改めたとみる説もある。また、法然聖人のもとで学ぶ間に恵信尼公と結婚したとみられている。建永二年（承元元年・一二〇七）念仏弾圧によって、法然聖人や同輩数名とともに罪せられ、越後（現在の新潟県）に流された。建暦元年（一二一一）赦免され、建保二年（一二一四）妻子とともに常陸（現在の茨城県）に移住し、関東で伝道の生活をおくられた。六十二、三歳の頃、京都に帰られたが、その理由は明らかでない。建長初年の頃から、関東の門弟中に法義理解の混乱が生じたため、息男慈信房善鸞を遣わされたが、かえって異義を生じ、建長八年（一二五六）善鸞を義絶された。弘長二年十一月二十八日、弟尋有の坊舎で、九十年の生涯を終えられた。なお、弘長二年のほとんどの期間は西暦一二六二年に該当するが、十一月二十八日は、新暦の一月十六日にあたるので、没年を一二六三年と表示する。その撰述は、主著『顕浄土真実教行証文類（教行信証）』をはじめとして、『浄土文類聚鈔』『愚禿鈔』『入出二門偈頌』『浄土和讃』『高僧和讃』『正像末和讃』『浄土三経往生文類』『尊号真像銘文』『一念多念文意』『唯信鈔文意』など数多い。

三　**聖人は本来、朝廷で天皇や上皇にも仕え**　原文は「朝廷に仕へて霜雪をも戴き」であるが、このなか、「霜雪をも戴き」について、「頭髪が白くなるまで朝廷に仕える」とみる解釈と、公卿は御所で傘を用いることができずそのまま参内していたことから「天皇や上皇のお側に仕える」とみる解釈がある。本現代語訳では、後者にしたがって訳しておいた。

三　**慈円**　（一一五五―一二二五）九条兼実の弟。慈鎮和尚とも呼ばれる。青蓮院に住し法性寺、無動寺などを兼管し、天台座主職につくこと四回に及ぶ。親鸞聖人得度の戒師といわれる。著書に『愚管抄』七巻がある。原文の細註には「慈円慈鎮和尚これなり、法性寺殿御息、月輪殿長兄」とある。

四　**南岳慧思**　（五一五―五七七）予州武津（現在の河南省上蔡）の人。俗姓は李氏。出家して慧文に師事し法華三昧を証得した。晩年、南岳（現在の湖南省衡山）に住して、『般若経』『中論』などを講じた。著作に『法華経安楽行義』一巻『立誓願文』一巻などがある。天台大師智顗はその弟子である。

四　**天台智顗**　（五三八―五九七）智者大師とも呼ぶ。天台宗の大成者。慧文・慧思の相承からは第三祖。荊州華容（現在の湖南省華容）に生れる。俗姓は陳氏。十八歳で出家して涅槃・法華を学び、大蘇山（現在の河南省）で慧思に師事した。慧思が南岳に隠退した後は、金陵（現在の江蘇省南京）の瓦官寺に住して『法華経』『大智度論』を講じた。太建七年（五七五）、天台山（現在の浙江省）に入り、天台教学を確立した。『法華玄義』『法華文句』『摩訶止観』などの講述がある。

四　**源信和尚**　（九四二―一〇一七）比叡山横川の恵心院に住したので恵心僧都ともいう。大和国（現在の奈良県）当麻の生れ。父は卜部正親、母は清原氏。比叡山に登り良源に師事して、天台教学を究めたが、名利を嫌い横川に隠棲された。寛和元年（九八五）四十四歳の時に『往生要集』三巻を著し、末代の凡夫のために穢土を厭離して阿弥陀仏の浄土を欣求すべきことを勧められた。著書は七十余部百五十巻といわれるが、浄土教関係では他に『阿弥陀経略記』等がある。真宗七高僧の第六祖。

四　源空聖人（一一三三―一二一二）浄土宗の開祖。法然聖人。押領使漆間時国の子として、美作久米南条稲岡庄（現在の岡山県久米郡久米南町里方）に生まれた。九歳の時、父の不慮の死により菩提寺観覚のもとへ入寺、十五歳で比叡山に登り（十三歳登山説もある）、源光ついで皇円に師事して天台教学を学んだが、隠遁の志あつく、十八歳の時、黒谷の叡空の室に入り法然房源空と名乗った。承安五年（一一七五）四十三歳の時、善導大師の『観経疏』の文により専修念仏に帰し、比叡山を下りて東山吉水に移り住み、念仏の教えを弘められた。浄土宗ではこの年を立教開宗の年とする。文治二年（一一八六）大原勝林院で聖浄二門を論じ（大原問答）、建久九年（一一九八）『選択本願念仏集（選択集）』を著された。建仁元年（一二〇一）親鸞聖人は、法然聖人に出遇い、専修念仏の門に帰入された。元久元年（一二〇四）比叡山の僧徒は専修念仏の停止を訴えたので、「七箇条制誡」を草して法然聖人以下百九十名の署名を添え延暦寺に送るが、興福寺の奏状により念仏停止の断が下されて、建永二年（承元元年・一二〇七）法然聖人は土佐（実際には讃岐）に流罪となられた。建暦元年（一二一一）赦免になり帰洛され、翌年正月二十五日に示寂。聖人の法語や事蹟を伝えるものには、『西方指南抄』や『黒谷上人語灯録』などがある。真宗七高僧の第七祖。

四　釈尊　釈迦族の聖者である世尊ということ。仏教の開祖。約二千五百年前、インドのカピラヴァストゥの王、浄飯王を父とし、摩耶夫人を母として誕生された。二十九歳の時に道を求めて出家し、多くの師を歴訪されたが満足せず、尼連禅河畔で六年間にわたり苦行された。その後、菩提樹の下に座って瞑想し、ついにさとりを開かれた。三十五歳の時である。その地をブッダガヤーと呼ぶ。成道後、梵天の勧請によって伝道を決意して、鹿野苑（現在のヴァーラーナシー〈ベナレス〉郊外）に赴いて五比丘に初めて説法（初転法輪）をし、以後四十五年間各地を巡って人々を教化し、八十歳でクシナガラの沙羅樹のもとに身を横たえて入滅された。

五　**どこまでも凡夫のままで…決定されたのである**　原文は、「凡夫直入の真心を決定しましましけり」とあるが、このなか、「真心を決定し」について、「真実の信心を決定された」とする解釈と、「信心が正因であると明らかにされた」とする解釈がある。本現代語訳では、前者にしたがって訳しておいた。

六　**聖徳太子**　（五七四―六二二）厩戸王子・上宮太子とも称される。父は用明天皇。推古天皇の摂政として政治を行う一方で、憲法十七条を制定し、法隆寺や四天王寺を創建するなど、仏教の興隆にも力を尽された。また高句麗の慧慈に仏教を学び、『法華経』『勝鬘経』『維摩経』の註釈書（三経義疏）を製作したとも伝えられる。親鸞聖人は「和国の教主」と讃仰されている。

七　**阿弥陀仏**　阿弥陀仏とは、西方浄土（極楽世界）にあって大悲の本願をもって生きとし生けるものすべてを平等に救済しつつある仏である。『無量寿経』には、過去無数劫（無限の過去）に一人の国王があり、出家して法蔵（ダルマーカラ）と名乗り、世自在王仏の弟子となって、諸仏の浄土を見て五劫の間思惟し、一切衆生を平等に救おうとして四十八願をおこし、兆載永劫（無限の時間）の修行を経て阿弥陀仏と成られたと説かれている。因位の法蔵菩薩が願と行に報われて仏と成られたのであり、このような仏を報身仏と呼ぶ。そして四十八願には、光明無量（第十二願）、寿命無量（第十三願）の仏と成ろうと願われており、その願いに報いて成就されたので、無量光（アミターバ）、無量寿（アミターユス）の徳をもち、このような徳をあらわすために阿弥陀と名づけられたといわれている。無量寿とは仏のはたらきの時間的無限性をあらわし、無量光とは空間的無辺性をあらわしており、時間的空間的な限定を超えて、あらゆる衆生をもらさず救う仏の名である。これによって親鸞聖人は、「摂取してすてざれば　阿弥陀となづけたてまつる」（『註釈版聖典』五七一頁）といわれる。また、曇鸞大師の教えによって法性・方便の二種法身として阿弥陀仏を説明されている。法性法身とは、さとりそのものである法性真如を本身とする仏身のことで、それはあらゆる限定をこえ、わたしどもの認識を超えたものである。これについて『唯信鈔文意』では、「いろもなし、かたちもましまさず。しかれば、こころもおよばれず、ことばもたえたり」（同七〇九頁）とある。そして方便法身とは、「この一如（法性法身）よりかたちをあらはして、方便法身と申す御すがたをしめして、法蔵比丘となのりたまひて」（同七一〇頁）といわれる。すなわち、万物が本来平等一如のありようをしていることを人々に知らしめ、自他を分別し執着して、煩悩をおこし苦悩しているものをよびさまし、真如の世界にかえらしめようとして、絶対的な法性法身がかたちを示し、阿弥陀仏という救いの御名を垂れて人々に知らしめているすがたを方便法身というのである。すなわち、大悲の本願をもって衆生を救済する仏を方便法身というのである。この阿弥陀仏を『浄土論』には「尽十方無碍光如来」といわれ、また『讃阿弥陀仏偈』には「不可思議光仏」といわれている。親鸞聖人は、これによって阿弥陀仏を「帰命尽十方無碍光如来」、「南無不可思議光仏（如来）」、「南無阿弥陀仏」と十字、八字（九字）、六字の名号をもって讃嘆し、敬信されている。

九　**選択集**　源空（法然）聖人の著。詳しくは『選択本願念仏集』という。建久九年（一一九八）、九条兼実の請によって撰述されたもので、選択本願に立脚して称名一行の専修を主張し、浄土宗の独立を宣言された、浄土宗の立教開宗の書である。冒頭に「選択本願念仏集」と題号をあげ、次いで「南無阿弥陀仏往生之業念仏為本（先）」と念仏往生の宗義を標示し、以下十六章に分けて、称名念仏こそが、選択の行業である旨を述べられている。

各章ともに、理路整然とした論旨によって標章の文、引文、私釈の順で構成されている。標章の文は、その章で明らかにしようとする主題を簡潔に示し、引文では、標章の文を証明する経典や解釈の文を引き、さらに私釈では、「わたくしにいはく」として、法然聖人自身の解義が明示されている。なかでも第一の二門章、第二の二行章、第三の本願章の三章には、本書の要義が説かれている。すなわち、二門章では、道綽禅師によって一代仏教を聖道門と浄土門に分け、聖道門を廃し、浄土一宗の独立を宣言し、そのよりどころを三経一論（浄土三部経と『浄土論』）と定め、それが、曇鸞大師・道綽禅師・善導大師などの師資相承によることを示される。二行章では、善導大師の『観経疏』（就行立信釈）などをうけて、五正行のなか、称名念仏こそ、仏願にかなった往生の正定業である旨を明かし、かくて雑行はすてるべきである旨を示され、本願章では、第十八願において、法蔵菩薩は一切の余行を選捨して、念仏一行を選取されたといい、その理由は称名念仏こそが、最も勝れ、また最も修めやすい勝易具足の行法だからであると説かれるのである。この三章の意をまとめたものが本書の結論ともいうべき「三選の文」（結勧の文）であり、それが初めの題号および標宗の文とも呼応しているのである。七祖聖教の一。

九　**顕浄土真実教行証文類**　親鸞聖人の主著。『教行信証』『教行証文類』『広文類』『本典』などとも呼ばれ、浄土真宗の教義体系が示されている。すなわち本願力回向を往相回向・還相回向の二つに分け、往相すなわち衆生が浄土に往生しさとりに至る法義を教・行・信・証の四法として明かされたものであり、浄土真宗における立教開宗の根本聖典である。初めに総序があり、続いて教・行・信・証・真仏土・化身土の六巻に分けて詳細に宗義が明かされ、終りに後序がある。

まず教とは、『無量寿経』であり、釈尊が世に出られた本意はこの本願名号の教えを説くことにある。その本願名号の教えが、続く行・信・証の因果である。行とは本願の名号であり、衆生の闇を破り、往生成仏させる如来選択の行である。信とはこの行を領受した無疑の信心であり、名号を体とするこの信は仏の大智大悲の心にほかならず、衆生を往生成仏させる因となる。これを信心正因という。証とは如来回向の行信の因が、果すなわち弥陀同体のさとりとしてあらわれることであり、そのはたらきとして衆生救済の活動である還相が展開する。このようなさとりの境界が、真仏土（真仏・真土）であり、光明無量・寿命無量の境界であって、往相・還相の二回向の源でもある。続いて化身土（化身・化土）を示すことにより、前五巻において示された浄土真実の教えと方便・邪偽の教えとを区分して明かし、いよいよ真実の教えとは何かを明らかにされるのである。

九　**愚禿**　親鸞聖人の流罪以後の自称。愚は無智愚悪の意、禿は剃髪もせず結髪もしないさまをいう。すなわち非僧非俗のわが身を無智愚悪の禿人であるとする聖人の宗教的態度を表明する語である。↓三　**親鸞聖人**

一〇　**往生礼讃**　一巻。善導大師の著。詳しくは『勧一切衆生願生西方極楽世界阿弥陀仏国六時礼讃偈』（一切衆生を勧めて、西方極楽世界の阿弥陀仏国に生ぜんと願ぜしむる六時礼讃の偈）といい、略して『往生礼讃偈』とも『六時礼讃』ともまた『礼讃』ともいう。その題号が示すように、願生行者が日常実修すべき六時（日没・初夜・中夜・後夜・晨朝・日中）の礼法を明かしたものである。

全体は、前序、礼讃の行儀について明かす正明段、および後述の三段よりなっている。前序では、安心・起行・作業という願生行者の実践法について述べ、さらに称名念仏を専修する一行三昧の意義、専修と雑修の得失について説き述べている。正明段では、『無量寿経』の十二光仏名による日没讃、『無量寿経』の要文による初夜讃、龍樹菩薩の「十二礼」による中夜讃、天親菩薩の「願生偈」による後夜讃、彦琮の「礼讃偈」による晨朝讃、善導大師自作の「十六観偈」による日中讃を示して、六時行儀の次第を明かしている。後述の部分では、『十往生経』『観無量寿経』『無量寿経』『阿弥陀経』を引証して、現世と当来の得益に言及し、一部を結んでいる。

本書は、浄土教の敬虔な日常行儀を説き述べたものとして長く勤式に依用されたばかりでなく、教学の上からも、善導大師の独創的な儀礼論がうかがわれるものとして重要な意義を有している。七祖聖教の一。

一一　**浄土宗**　往生浄土宗ともいう。往生浄土を宗義とする法門。法然聖人（一一三三―一二一二）は自力修行の成仏を説く聖道門に対し、阿弥陀仏の選択本願による他力救済を宗とする往生浄土の法門があることを明らかにし、これを浄土宗と名づけて独立させた。聖浄二門判を教判（教法の価値判断）とし、浄土三部経と天親菩薩（四〇〇

―四八〇頃）の『浄土論』を所依の経論とする。親鸞聖人はこの法然聖人の浄土宗の真実義を開顕するために浄土真宗という宗名を用いた。

二二　**源空聖人**　→　四　**源空聖人**

二三　**禿**　→　九　**愚禿**

二六　**安楽集**　二巻。道綽禅師の著。諸経論の文を援引して『観無量寿経』の要義を示し、安楽浄土の往生を勧めた書。全体は、上下両巻、十二大門（上巻三大門、下巻九大門）の組織よりなっている。

その内容を見ると、第一大門では、教法が時代と根機にかなっていなければ効がないことを指摘し、現今の人々は称名念仏によって往生を願うべきであると主張して、『観無量寿経』の宗旨や阿弥陀仏の身土などについて説示する。第二大門では、菩提心が願生心に結帰することを示し、あわせて別時意説など種々の論難に答える。第三大門では、龍樹菩薩の難易二道判、曇鸞大師の自力他力判を受けて、聖道・浄土二門の判釈をくだし、末法の時代には浄土の一門こそ通入すべき道であることを力説する。第四大門以下は、上の三大門を補説したもので、第四、第五大門は主として往生の因行について、第六大門から第十一大門までは浄土の意義や往生者のありさまなどについて述べ、最後の第十二大門は全体を結ぶものとして疑謗を誡め信順を勧めている。本書は、往生浄土の教えが大乗仏教の基本理念の上に立脚するものであることを種々の観点から巧みに論証しており、浄土門の理論的基礎を築きあげたものとして大きな思想的意義を有している。七祖聖教の一。

二九　**無量寿経**　二巻。曹魏の康僧鎧の訳と伝えられている。『大無量寿経』ともいい、略して『大経』とも呼ばれる。浄土三部経の一。王舎城の耆闍崛山において、すぐれた比丘や菩薩たちに対して、釈尊がひときわ気高く尊い姿をあらわして説かれたものであり、諸仏がこの世にお生れになる目的は、苦悩の衆生に阿弥陀仏の本願を説いて救うためであるといわれている。上巻には法蔵菩薩が発願し修行して阿弥陀仏となられたことが説かれる。まず「讃仏偈」には、師の世自在王仏を讃嘆しつつ、自らの願いを述べ、ついで諸仏の国土の優劣をみてすぐれたものを選び取り、それによってたてられた四十八願が説かれるが、なかでも、すべての衆生を救おうと誓われた第十八願が根本の願である。次に四十八願の要点を重ねて誓う「重誓偈」が、さらに兆載永劫にわたる修行のさまが説かれ、この願と行が成就して阿弥陀仏となられてから十劫を経ているといい、その仏徳と浄土のありさまがあらわされている。下巻には仏願の成就していることが説かれ、衆生は阿弥陀仏の名号を聞いて信じ喜び、念仏して往生が定まると述べ、さらに浄土に往生した聖者たちの徳が広く説かれる。次に釈尊は弥勒菩薩に対して、人の世の悪を誡め、仏智を信じて浄土往生を願うべきであると勧められる。最後に無上功徳の名号を受持せよと勧め、将来すべての教えが滅び尽きても、この経だけは留めおかれ人々を救いつづけると説いて終っている。親鸞聖人は『教行信証』「教文類」に、「それ真実の教を顕さば、すなはち『大無量寿経』これなり」（『註釈版聖典』一三五頁）、また「如来の本願を説きて経の宗致とす、すなはち仏の名号をもつて経の体とするなり」（同）と示され、如来の本願が説かれ名号のいわれがあらわされた真実の教えであるといわれている。浄土真宗の根本聖典である。

なお無量寿経は、古来「五存七欠」といわれ、十二訳があったと伝えられているが、『仏説無量寿経』のほかには次の四訳が現存する。

一、『仏説阿弥陀三耶三仏薩楼仏檀過度人道経』二巻（『大阿弥陀経』と通称。呉の支謙訳。二二二―二二八年あるいは二二二〔または二二三〕―二五三年の訳出。ただし後漢の支婁迦讖訳とする説もある）

二、『仏説無量清浄平等覚経』四巻（『平等覚経』と略称。後漢の支婁迦讖訳。ただし、魏の帛延による二五八年頃の訳出とする説や西晋の竺法護訳とする説などがある）

三、『無量寿如来会』二巻（『大宝積経』巻第十七・十八。『如来会』と略称。唐の菩提流志訳。七〇六―七一三年の訳出）

四、『仏説大乗無量寿荘厳経』三巻（『荘厳経』と略称。宋の法賢訳。九九一年の訳出）

なお、『仏説無量寿経』の訳者について、実際は仏駄跋陀羅（覚賢）と宝雲との共訳で、四二一年頃の訳出であると推定されている。また、西晋の竺法護訳であって三〇八年の訳出であるとみる説もある。

二九 **弥勒菩薩** 弥勒は梵語マイトレーヤの音写。弥勒菩薩は現在の一生を過ぎると、釈迦仏のあとを補って仏と成る補処の菩薩として、現在兜率天の内院に住し、神々のために説法している。釈尊入滅後五十六億七千万年の後にこの世に下生して、竜華樹の下でさとりを開き、衆生を救済するために三回説法するといわれる（竜華三会）。

二九 **観無量寿経** 一巻。劉宋の畺良耶舎訳。『観経』ともいう。浄土三部経の一。釈尊在世当時、王舎城におこった事件を契機として説かれたもので、はじめに次のような事情が示される。悪友の提婆達多にそそのかされた阿闍世という王子が、父頻婆娑羅王を幽閉し、その王のために食物を運んだ王妃の韋提希夫人をも宮殿の奥に閉じこめた。夫人は遥かに耆闍崛山におられる釈尊を心に念じ、仏弟子を遣わして説法してくださるよう求め、これに応じて釈尊自ら王宮の夫人の前に姿を現された。そこで夫人は、この濁悪の世を厭い、苦悩なき世界を求め、特に阿弥陀仏の極楽浄土を選んで、そこに往生するための観法を説かれるように請うた。こうして、まず精神を統一して浄土と阿弥陀仏や菩薩たちを観想する十三の観法が説かれる。この観法の中心は第九の真身観（阿弥陀仏の相好を観ずること）である。さらに、仏は自ら精神を統一しないままで修する善について、上品上生から下品下生までの九品に分けて説かれる。まず、上品には大乗の善が説かれ、中品には小乗の善や世間の善が説かれる。そして下品にはこれらの善を修することができない悪人のために念仏の教えが説かれるのである。ところが、このようなさまざまな観法や善を説き終ったあとで、最後に阿難に対して無量寿仏の名号を心にとどめよと説かれている。そこで親鸞聖人は、釈尊の本意はこれまで説かれてきた観法や諸善を廃して、他力念仏の一行を勧めることにあると見られた。

二九 **阿弥陀経** 一巻。後秦の鳩摩羅什訳。『小経』ともいう。浄土三部経の一。舎衛国の祇園精舎において説かれたもので、無問自説の経（問いをまたずに自ら説かれた経）、また一代結経（釈尊一代の説法の結びの経）といわれる。

内容は大きく三つに分けて見ることができ、初めに、極楽浄土のうるわしいすがたと阿弥陀仏や聖者たちの尊い徳を示される。次に、この浄土には自力の善では往生できないのであって、一心に念仏することによってのみ往生することができると説かれ、終りに、この念仏往生の法が真実であることを、東西南北・下方上方の六方の諸仏が証明しお護りくださることが述べられている。

親鸞聖人は、『阿弥陀経』にはもっぱら念仏して臨終来迎を期することが説かれているところがあることから、表面的には一心に念仏して多くの功徳をそなえようとする第二十願の自力念仏の教えが説かれているが、その本意は第十八願の他力念仏の教えを説くことにあると見られている。

二九 **天親菩薩**（四〇〇―四八〇頃）天親は梵語ヴァスバンドゥの漢訳（旧訳）。新訳では世親と訳す。ガンダーラ地方のプルシャプラ（現在のペシャワール）に生れ、はじめ部派仏教の説一切有部・経量部に学び、その後、兄無着の勧めで大乗仏教に帰し、瑜伽行唯識の教学を組織し大成した。『倶舎論』『唯識二十論』『唯識三十頌』『十地経論』『浄土論』等多くの著書があり、千部の論師といわれている。真宗七高僧の第二祖。

二九 **善導大師**（六一三―六八一）中国浄土教の大成者。光明寺和尚・宗家大師・終南大師等と呼ばれる。臨淄（現在の山東省臨淄）の出身、あるいは泗州（現在の江蘇省宿遷）の生れともいう。諸方を遍歴し、西方浄土変相図をみて浄土教に帰し、のち并州の玄中寺に道綽禅師を訪ねてその門に投じた。師の寂後、長安に出て終南山悟真寺、光明寺等に在って念仏弘通につとめられた。当時、『観無量寿経』にもとづく浄土教の研究・講説がさかんであったが、善導大師は浄影寺慧遠等の聖道諸師の解釈をただして『観無量寿経疏（観経疏）』四巻を著し、曇鸞大師・道綽禅師の伝統をうけ、凡夫が念仏一つで真実の浄土に往生する旨を明らかにされた。著書は他に『法事讃』

二巻『観念法門』一巻『往生礼讃』一巻『般舟讃』一巻がある。真宗七高僧の第五祖。

三五　**釈宗昭**（一二七〇―一三五一）覚如上人の諱。本願寺第三代宗主。覚信尼公の孫で、覚恵法師の長子。はじめ慈信房澄海について内外の典籍を学び、ついで宗澄から天台、行寛から唯識を学ばれたが、弘安十年（一二八七）奥州大網の如信上人に会って宗義を受得された。その後、父覚恵法師とともに関東の親鸞聖人の遺蹟を巡拝し、帰洛して『報恩講私記』『御伝鈔』を著された。正安三年（一三〇一）『拾遺古徳伝』を作り、浄土門流における親鸞聖人の地位を明らかにされた。翌年覚恵法師から留守職譲状を受け、延慶三年（一三一〇）留守職に就任し、以後越前大町をはじめ諸地方を巡って教化し、また『口伝鈔』や『改邪鈔』を著して三代伝持の血脈を強調し、本願寺を公称して寺院化を図るなど本願寺教団の確立に尽力された。しかし長子存覚上人とは不和が絶えず、元亨二年（一三二二）に義絶してより、その後和解、義絶を繰り返された。著書には上記のほか『執持鈔』『願願鈔』『最要鈔』『本願鈔』『出世元意』などがある。

三九　**親鸞聖人**　↓　三　親鸞聖人

三九　**阿弥陀仏**　↓　七　阿弥陀仏

三九　**曇鸞大師**（四七六―五四二）雁門（現在の山西省代県）の生れ。神鸞とも尊称された。四論や『涅槃経』の仏性義に通じ、『大集経』の註釈を志したが、健康を害して果さず、その後不老長生の法を求めて江南に道士陶弘景を訪ね、仙経を授かった。帰途洛陽で菩提流支に出会い、浄教を授けられ仙経を焼き捨てて浄土教に帰したという。東魏の皇帝の尊崇をうけ、并州（現在の山西省太原）の大巌寺に住し、後、石壁山（現在の山西省交城北）の玄中寺に入った。その後、汾州の平遥（現在の山西省汾陽）にあった山寺に移り、ここで入寂した。天親菩薩の『浄土論』を註釈して『往生論註』二巻（『浄土論註』『論註』ともいう）を著し、五念門の実践を説き、浄土教の教学と実践を確立した。著書は他に『讃阿弥陀仏偈』一巻などがある。真宗七高僧の第三祖。

三九　慈円　→　三　慈円

三九　源信和尚　→　四　源信和尚

三九　源空聖人　→　四　源空聖人

四一　すでに二百年余りの年月を経ているものの　原文は、「一百余歳の星霜を送るといへども」であるが、本書の奥書に「時に文明九年十一月初めのころ、にはかに報恩謝徳のために翰を染めこれを記すものなり」とあり、この文明九年（一四七七）は、親鸞聖人のご往生から二百十五年を経ているので、このように訳しておいた。なお「一百余歳」と記されるのは、『報恩講私記』に「旧跡を一百余年の霜に慕ふ」（『註釈版』一〇七一頁）とある文言に合わせられたものと考えられる。

付録

御伝鈔

―『浄土真宗聖典（原典版）』所収―

凡　例

一、本文・校異における構成・表記等については、原則として『浄土真宗聖典（原典版）』ならびに『浄土真宗聖典（解説・校異）』の凡例に準じた。

二、『浄土真宗聖典（原典版）』ならびに『浄土真宗聖典（解説・校異）』において用いた底本・対校本、および校異において用いた符号は次の通りである。

底　本　◎　浄土真宗本願寺派本願寺蔵版本

対校本　㊙『善信聖人絵』（浄土真宗本願寺派本願寺蔵南北朝時代書写本）

　　　　㊚『本願寺聖人伝絵』（真宗大谷派蔵康永二年書写本）

　　　　㊛『善信聖人親鸞伝絵』（真宗高田派専修寺蔵南北朝時代書写本）

　　　　㊜『本願寺聖人親鸞伝絵』（岐阜県楢谷寺蔵貞和五年書写本）

三、漢字は、読解の便を考慮して、原則として常用漢字を含めた現行の通行体に改めた。

四、本文に関する校異は次の通りである。

㈠　各頁ごとに①②③…の校異番号を該当する文字の右傍に付し、本文下の欄外に示した。

㈡　対校本の仮名は㊜のみが片仮名であるが、㊜の校異が他のものと同一の場合は平仮名で示した。

例　我→㊙㊚㊛㊜われ

㈢　次の場合は校異を行わなかった。

①　底本の送り仮名が対校本の右仮名の一部として示される。

例　記（キ）ニ→記（キニ）　　春ノ→春（ノ）

②　底本の右仮名の一部が対校本の送り仮名として示される。

例　綱（ツナノ）→綱（ツナ）ノ

㈣　本文中の『顕浄土真実教行証文類（教行信証）』引用文は（甲）（乙）（丙）共に全文が漢文となっているため、その場合は送り仮名に留意して示した。

例　カク→（甲）（丙）書（ショシキ）　　同（オナシキ）→（甲）同（オナジ）　　處（シヨ）ス→（甲）處（シヨシ）→（丙）處（シヨセラレン）

㈤　次の校異については、頻出対校として本文中に次の符号を用いて示した。

〔一〕◎の漢字が（丁）で仮名になっている場合　（例）人（ヒト）→（丁）ヒト

〔二〕云→（乙）（丁）いはく　〔三〕跡→（甲）（乙）（丙）（丁）迹　〔四〕上→（甲）（乙）（丙）（丁）聖

〔五〕上→（乙）（丙）（丁）聖　〔六〕聖→（甲）上　〔七〕云→（乙）（丁）のたまはく

〔八〕アヒ→（甲）（乙）（丙）会　〔九〕イロ→（甲）（乙）色　〔一〇〕カノ→（甲）（乙）（丙）彼

〔一〕カノ→(甲)彼
〔四〕コト→(乙)事
〔七〕コノ→(甲)(乙)(丙)此
〔一〇〕コロ→(甲)比
〔一三〕シカルニ→(甲)(丙)而
〔一六〕タツネ→(甲)(乙)(丙)尋
〔一九〕タマフ→(甲)給
〔二二〕ナリ→(甲)(乙)也
〔二五〕ナリ→(乙)也
〔二八〕ニ　(甲)に無し
〔三一〕ノ　(甲)(丙)に無し
〔三四〕ノ　(丙)に無し
〔三七〕ハ→(甲)(乙)(丙)わ
〔四〇〕ヘ→(甲)ゑ
〔四三〕ヤ、→(甲)(丙)良
〔四六〕ン→(甲)(乙)む

〔二〕コ、ロ→(甲)心
〔五〕コト→(丙)事
〔八〕コレ→(甲)(乙)(丙)是
〔一一〕シ　(甲)(乙)(丙)に無し
〔一四〕スナハチ→(甲)(乙)(丙)即
〔一七〕タマ→(乙)給
〔二〇〕ト　(甲)(丙)に無し
〔二三〕ナリ→(乙)(丙)也
〔二六〕ナリ→(丙)也
〔二九〕ニ　(乙)に無し
〔三二〕ノ　(甲)に無し
〔三五〕ノ　(丁)に無し
〔三八〕ハ→(甲)(丙)わ
〔四一〕マタ→(甲)(乙)(丙)又
〔四四〕ヲ→(甲)(乙)(丙)お
〔四七〕ン→(乙)(丙)む

〔三〕コト→(甲)事
〔六〕コトナリ→(甲)(乙)事也
〔九〕コレ→(甲)是
〔一二〕シカルニ→(甲)(乙)(丙)而
〔一五〕タチ→(甲)(丙)立
〔一八〕タマヒ→(乙)給
〔二一〕ナリ→(甲)(乙)(丙)也
〔二四〕ナリ→(甲)也
〔二七〕ニ　(甲)(乙)に無し
〔三〇〕ノ　(甲)(乙)に無し
〔三三〕ノ　(乙)に無し
〔三六〕ノタマハク→(甲)(丙)言
〔三九〕ハ→(甲)わ
〔四二〕マタ→(乙)又
〔四五〕ヲ　(甲)に無し
〔四八〕ン→(乙)む

五、表紙ならびに巻尾に関する校異は次の通りである。

(甲)『善信聖人絵』（二巻）

巻　尾

上巻巻尾（第七段の後）

「（別筆）琳弥陀仏

　　主」

「（別筆）南無阿弥陀仏南無阿弥陀仏南無阿弥陀仏」と有り抹消

下巻

「右縁起画図之志偏為知恩報徳不為戯論狂言剰又馳紫毫拾翰林其体最拙厥詞是苟付冥付顕有痛有
恥雖然只馮後見賢慮之取捨無顧当時愚案之紕繆而已于時永仁第三暦応鐘仲旬第二覃于晡時終書
草之篇訖　桑門覚如草之」

前に「（別筆）向福寺琳阿弥陀仏

　　主」と有り抹消

後に「（別筆）南無阿弥陀仏」と有り抹消

(乙)『本願寺聖人伝絵』（四巻）

表　紙

上巻本（第一段の前）

左上「（題簽）本願寺聖人伝絵上本」

上巻末（第五段の前）

左上「（題簽）本願寺聖人伝絵上末」

下巻本（第一段の前）
左上（題簽）「本願寺聖人伝絵下本」
下巻末（第五段の前）
左上（題簽）「本願寺聖人伝絵下末」

巻　尾
上巻本（第四段の後）
「康永第二載癸未応鐘中旬比終画図篇訖」
上巻末（第八段の後）
「康永二歳癸未十月中旬比依発願終画図之功畢而間頽齢覃八旬算両眼朦朧雖然愁厥詞如形染紫毫之処如向闇夜不弁筆点仍散々無極後見招恥辱者也而已　大和尚位宗昭七十四　画工康楽寺沙弥円寂」
下巻本（第三段の後）
「康永二歳癸未十一月一日絵詞染筆訖　沙門宗昭七十四」
下巻
「右縁起画図之志偏為知恩報徳不為戯論狂言剰又染紫毫拾翰林其体尤拙厥詞是苟付冥付顕有痛有恥雖然只馮後見賢者之取捨無顧当時愚案之訛謬而已
于時永仁第三暦応鐘中旬第二天至晡時終草書之篇訖　執筆法印宗昭　画工法眼浄賀号康楽寺
暦応二歳己卯四月廿四日以或本俄奉書写之先年愚草之後一本所持之処世上闘乱之間炎上之刻焼失不知行方而今不慮得荒本註留之者也耳　桑門宗昭

康永二載癸未十一月二日染筆訖　釈宗昭　画工大法師宗舜康楽寺弟子」

㈹『善信聖人親鸞伝絵』（五巻）

表　紙

上巻本（第一段の後）

左上「（題簽）親鸞聖人伝絵本之上」

上巻末（第五段の前）

左上「（題簽）親鸞聖人伝絵本之下」

下巻本（第一段の前）

左上「（題簽）親鸞聖人伝絵末之上」

下巻中（第二段の前）

左上「（題簽）親鸞聖人伝絵末之中」

下巻末（第六段の前）

左上「（題簽）親鸞聖人伝絵末之下」

巻　尾

下巻

「右縁起画図之志偏為知恩報徳不為戯論狂言剰又馳紫毫拾翰林其体尤拙其詞是苟付冥付顕有痛有恥雖然只憑後見賢者之取捨無顧当時愚案之紕繆而已

于時永仁第三暦(乙未)応鐘仲旬第二天至于晡時終草了　執筆衡門覚如
今同歳太呂仲旬第三天又書之」

(丁)『本願寺聖人親鸞伝絵』（二巻）

表　紙

上巻（第一段の前）

左上「本願寺聖人親鸞伝絵上」

巻　尾

上巻（第八段の後）

「善宗」

下巻（第八段の後）

「右縁起画図(ミキエンキヱツ)ノ　コ、ロサシ　ヒトヘニ　知恩報徳(チオンホウトク)ノ　タメニシテ　戯論狂言(ケロンキヤウケン)ノ　タメニセス
アマサヘ　マタ　紫毫(シカウ)ヲ　ソメテ　翰林(カンリム)ヲ　ヒロフ　ソノ体(テイ)　モトモ　ツタナシ　ソノコトハ　コ
レ　イヤシ　冥(ミヤウ)ニツケ　顕(ケン)ニツケ　イタミアリ　ハチアリ　シカリト　イヘトモ　タ、　後見賢(コウケンケン)
者(シヤ)ノ　取捨(シユシヤ)ヲ　タノミテ　当時愚案(タウシクアン)ノ訛謬(ヒウ)ヲ　カヘリ　ミルコトナシ　ナラクノミ
(本云)于時永仁第三暦応鐘仲旬第二天至于輔特終草書之篇畢　執筆宗─(昭)　画師法眼浄賀(号康楽寺)
貞和五歳(己丑)初春中旬第五日終漸写之功訖　願主釈乗観」
「善宗」

①本願寺聖人親鸞伝絵　上

②夫聖人ノ俗姓ハ藤原氏　③天児屋根④尊二十一世ノ苗裔大織冠⑤鎌子⑥内大臣（贈正一位⑩大政大臣房前公孫大納言式部卿真楯息ナリ⑪）ノ玄孫近衛大将右大臣⑦贈左大臣従一位内麿公⑧（⑨号二後長岡大臣一或号二閑院大臣一）六代ノ後胤弼宰相有国卿五代ノ孫⑫皇太后宮大進有範ノ子⑬ナリ　⑭シカアレハ⑮朝廷ニ⑯ツカヘテ霜雪ヲモイ⑰タヽキ　⑱射山ニ⑲ワシリテ栄⑳華ヲモヒラク㉑ヘカリシ人ナレトモ　興法ノ因ウチニキサシ㉒利生ノ縁ホカニモヨホシ㉓、ニヨリテ　九歳ノ春㉔ノ比　阿伯㉕従三位範綱卿（于㉖時従四位上㉗前若狭守後白河上皇ノ近臣也上人ノ養父）前大僧正（慈円）〔四〕（㉛慈鎮和尚是也法性寺殿御息月輪殿長兄）ノ貴㉜坊ヘ相具シタテマツリテ　㉝鬢髪ヲ㉞剃除シ㉟

---

①「本・・・上」一〇字→甲善信聖人絵　下部に「向福寺琳阿弥陀仏」(別筆)と有り乙に無し→丙善信聖人伝絵→丁本願寺聖人親鸞伝絵詞上

②夫→丁ソレ　前に「第一段」と有り

③「天・・・代」七七字→甲大織冠（諱鎌子内大臣天児屋根尊二十一世孫也）

④尊→丙命

⑤鎌子内大臣　丙丁割註にせず

⑥内　丙に無し

⑦贈左大臣　乙丁割註にせず

⑧公　丙に無し

⑨「号・・・臣」一二字　乙返点無し→丁後長岡ノ大臣ト号スアルヒハ閑院ノ大臣ト号ス

⑩大→丙太

⑪ナリ　乙に無し→丙也

⑫代→甲世

⑬子ナリ→甲息也→乙丙子也

タマヒキ範宴少納言公（ハムエンセウナフコンノキミ）ト号（カウ）ス　①ソレヨリコノカタシハ〳〵南岳天（ナンカクテン）台（タイ）ノ玄風（クヱンフ）②ヲトフラヒテ　ヒロク三観仏乗（サムクワンフチシヨウ）ノ理（リ）ヲ達（タチ）シトコシナヘニ楞厳（リヨウコム）横川（ヨ③カハ）ノ余流（ヨリウ）ヲ④タヽヘテ　フカク四教円融（シケウヱンユ）ノ義（キ）⑤ニアキラカナリ

---

⑭シカアレハ　（甲）に無し→（丁）シカレハ
⑮朝廷　左（丙）タイリ
⑯ツカヘ→（甲）（乙）（丙）仕
⑰イタヽキ→（甲）（丙）戴→（乙）戴き
⑱射山　左（丙）クケ
⑲ワシリ→（甲）（乙）（丙）趍
⑳華→（甲）（乙）（丙）（丁）花
㉑ヒラク→（甲）（丙）発→（乙）発く
㉒キサ→（甲）（乙）萌
㉓モヨホシ→（甲）（乙）催→（丙）もよをひ
㉔春ノ比→（乙）（丙）春比→（丁）ハルノコロ
㉕阿伯　左（丙）父（チチ）ノ兄（アニ）ナリ
㉖于時　（甲）（乙）返点無し→（丁）トキニ
㉗上→（甲）下
㉘也　（乙）に無し→（丁）ナリ
㉙上→（乙）（丁）聖
㉚ノ　（甲）（乙）（丙）に無し
㉛「慈・・・兄」一七字→（甲）法性寺殿御息月輪殿長兄慈鎮和尚是也

第①二段

建仁第②一ノ暦(一)春ノコロ(二)　③廿九歳　上人(五)　④隠遁ノコ、ロサシニヒカレテ源空聖人(一)ノ吉水ノ禅⑤房ニ⑥タツネマイリ⑦タマヒキ　⑧コレスナハチ世クタリ人ツタナクシテ難行ノ小路マヨヒヤスキニヨリテ易行ノ大道ニオモムカントナリ　真宗⑨紹隆ノ⑩大祖聖人コトニ　宗ノ淵源ヲツクシ教ノ理致ヲキ(二)ハメテコレヲノヘ(七)タマフニ　(五)タチトコロニ他力摂生ノ旨趣ヲ受得シ　⑪アクマテ凡夫直入ノ真心ヲ決定シマシ〳〵ケリ

㉜坊→甲乙房
㉝鬢髪　左丙ヒケカミ
㉞剃除　左丙ソリノソク
㉟シタマヒ→甲せられ→丙し給

①ソレヨリコノカタ→甲乙丙自爾以来
②トフラヒ→甲丙訪
③川→乙河
④タ、ヘ→甲丙湛
⑤アキラカ→甲乙丙明

①第二段　甲乙丙に無し　甲乙丙図絵有り
②一→乙丙三
③廿→甲乙二十
④隠遁　左丁カクレノカル
⑤房→丁坊
⑥タツネマイリ→甲乙丙尋参
⑦タマヒ→甲給
⑧コレスナハチ→甲乙丙是則
⑨紹隆　左丁サカンナリ

第三段①

建仁三年②癸亥四月　五日ノ③夜寅ノ時　上人夢想ノ告マシ〳〵キカ
ノ記ニイハク　六角堂ノ救世菩薩顔容端厳ノ聖僧ノ形ヲ示現シ
テ　白衲ノ袈裟ヲ著⑥服セシメ広大ノ白蓮華ニ端坐シテ善信ニ告
命シテノタマハク⑦

行者宿報設女犯　我成玉女身被犯　一生之間能荘厳　臨終引導生極
楽トイヘリ⑧　救世菩薩善信ニノタマハク⑨コレハコレワカ誓願ナリ　善
信コノ⑩誓願ノ旨趣ヲ宣説シテ一切群生ニキカ⑪シムヘシト云云　爾
時⑫善信夢ノ中ニアリナカラ御堂ノ正面ニシテ東方ヲミレハ　峨峨
タル岳山アリソノ高山ニ数⑬千万億ノ有情群集セリトミユ　ソノトキ
告命ノコトク此文ノコヽロヲ　カノ山ニアツマレル有情ニ対シテ説

---

⑩大→(甲)太
⑪アク→(甲)(乙)(丙)飽

①第三段　(甲)(乙)(丙)に無し
　(甲)(乙)(丙)図絵有り
②癸亥→(乙)(丙)　辛酉→(丁)　カノトノトリ
③ノ　(甲)(乙)(丙)に無し
④イハク→(甲)(丙)云
⑥著→(乙)(丙)(丁)着
⑦ノタマハク→(丙)言
⑧トイヘリ→(甲)(乙)(丙)(丁)文
⑨コレハコレワカ→(甲)(乙)(丙)
　此是我
⑩コノ→(甲)(丙)此
⑪キカ→(甲)聞
⑫善信　(乙)に無し
⑬千→(甲)山

キカシメ畢①トオホエテ夢②サメ畢③ヌト④云云　ツラ〳〵⑤コノ記録ヲ披テカノ夢想ヲ案スルニ　ヒト⑥ヘニ真宗繁昌ノ奇瑞念仏弘興ノ表示⑦ナリ　シカ⑧アレ⑨ハ聖人後ノ時⑩オホセラレテ　云　仏教ムカシ⑪西天ヨリオコ⑫リテ経論イマ東土ニ伝ル　コ⑬レヒトヘニ上宮太子ノ広徳山ヨリモタカ⑭ク海ヨリモフカ⑮シ　我⑯朝欽明天皇ノ御宇ニコレヲワタサレシニヨリテ　スナハ⑰チ浄土ノ正依経論等コノ⑱時⑲ニ来至ス　儲君⑳モシ厚㉑恩ヲホトコシタマハスハ凡愚イカテカ弘誓㉒ニアフコトヲエン㉓救世菩薩ハス㉔ナハチ儲君ノ本地ナレハ垂跡興法ノ願ヲアラハサンカタ㉕メニ本地ノ尊容ヲシメストコロナリ　抑　マタ大師聖人源空㉖モシ　流刑ニ処セラレタマハスハ我㉗マタ配所ニオ㉘モムカンヤ　モシ我㉙配所ニオ㉚モムカスン㉛ハ何ニヨ㉜リテカ辺鄙ノ群類ヲ化セン　是㉝ナ㉞ヲ師

---

①畢→（甲）をわる→（乙）（丙）（丁）をはる
②サメ→（甲）（乙）（丙）悟了
③畢ヌ→（乙）（丁）おはりぬ→（丙）了
④ト　（丙）に無し
⑤ツラ〳〵コノ→（甲）（乙）（丙）倩此
⑥ヒトヘ→（甲）偏
⑦示→（甲）（丙）事
⑧シカアレハ→（甲）（乙）（丙）然者
⑨ア　（丁）に無し
⑩オホセラレテ→（甲）（丙）被レ仰
⑪ムカシ→（甲）昔
⑫オコリ→（丁）ヲコリ→（甲）（乙）（丙）興
⑬コレヒトヘニ→（甲）是偏→（乙）（丙）是偏に
⑭タカク→（甲）高→（丙）高く
⑮フカ→（甲）（丙）深
⑯我→（甲）（乙）（丙）吾→（丁）ワカ
⑰スナハチ→（甲）則→（丙）即
⑱コノ→（乙）（丙）此
⑲時→（甲）（丁）とき

教ノ恩致ナリ　大師聖人スナハチ勢至ノ化身太子①マタ観音ノ垂跡ナリ　コノユヘニ我②ニ菩薩ノ引導ニ順シテ如来ノ本願ヲヒロムルニアリ　真宗③コレニヨリテ興シ念仏④コレニヨリテサカン⑤ナリ　コレ併⑥ラ聖者ノ教誨ニヨリテ更⑦ニ愚昧ノ今案ヲカマヘス　カノ⑧二大士ノ重願⑨タヽ一仏名ヲ専念スルニタレリ　イ⑩マノ行者⑪錯テ脇士ニ⑫事ルコトナカレ⑬タヽチニ本仏ヲ⑭仰ヘシト云云　⑮故ニ⑯上人親鸞⑰傍ニ皇太子ヲ崇タマフ　ケ⑱タシコレ仏法弘通ノ浩ナル恩ヲ謝センカタメナリ

⑳モシ→甲若
㉑厚恩　左甲アツキオン
　丙アツキオム
㉒ニア→丁ニ［マウ］ア
㉓エ→甲乙丙得
㉔スナハチ→甲丙即
㉕カ　甲に無し
㉖モシ→甲若
㉗我→甲我［も］→乙丙丁われ
㉘オモムカンヤ→甲赴哉→乙丙赴かんや
㉙我→甲乙丙丁われ
㉚オモムカ→甲赴
㉛ン　甲乙丙丁に無し
㉜ヨリテ→甲由て→丙由
㉝是→甲乙丙丁これ
㉞ナヲ→甲乙猶

①マタ→丙又
②我→甲乙丙丁われ
③コレニヨリテ→甲因レ茲→乙丙因茲
④コレニヨリテ→甲因レ斯→乙丙由斯

一六

第四段（①タイシタン）

建長八年（ケンチヤウハチ②ネン）丙辰（③ヒノエタツ）二月九日（ニクワチコヽヌカノヒ）〔四〕ノ夜（ヨ）寅（トラ）〔四〕ノ時（トキ）釈蓮位（シヤクノレンヰ）夢想（④ムサウ）ノ告（ツケ）ニ云（イハ）ク聖

徳太子親鸞上人（シヤウトクタイ⑤シシンラン⑥シヤウニン）ヲ礼シ奉テ曰（⑦ライタテマツリノタマハク）敬礼大慈阿弥陀仏為妙教流通来（キヤウライタイシワアミタフチヰメウケウルツライ）

生者（シヤウシヤ）五濁悪時悪世界中決定即得無上覚也（コチヨクアクシアクセカイチウクヱチチヤウソクトク⑧ムシヤウカクヤ）⑨シカレハ祖師上（ソシ⑩シヤウ）

人（ニン）ハ弥陀如来（ミタニヨライ）ノ化身（⑪クヱシン）ニテマシマス⑫トイフ⑬コトアキラカナリ⑭

⑤サカン→(甲)(乙)(丙)煽
⑥コレ併ラ→(甲)(乙)(丙)是併→(丁)コレシカシナカラ
⑦ニ　(丙)に無し
⑧カノ→(甲)(丙)彼
⑨タ、→(甲)(丙)唯
⑩イマノ→(甲)今→(丙)今の
⑪錯→(乙)(丁)あやまり
⑫事ル→(甲)仕ふる→(乙)仕る、→(丙)仕→(丁)ツカフル
⑬タ、チ→(甲)(乙)(丙)直
⑭仰→(乙)(丁)あふく
⑮故→(乙)(丙)(丁)かるかゆへ
⑯親鸞→(甲)(乙)(丙)(丁)親鸞
⑰傍→(乙)かたわら→(丁)かたはら
⑱ケタシコレ→(甲)(乙)(丙)蓋斯

①第四段　(乙)に無し　(甲)(丙)は第四段の全文無し　(甲)(乙)(丙)図絵有り
②年→(乙)(丁)歳
③丙辰→(丁)ヒノエタツ
④夢想ノ告ニ云ク→(乙)夢想ノ告云→(丁)ユメニ

一八　七六

⑤子親→(丁)子〔ノ勅命ヲカウフル皇太子ノ尊容ヲ示現シテ釈親鸞法師ニムカハシメマシ〳〵テ文ヲ誦シテ〕親

⑥上→(乙)(丁)聖

⑦礼シ奉テ日→(乙)礼したてまつりまし〳〵てのたまはく→(丁)敬礼シマシマスソノ告命ノ文ニイハク

⑧無→(乙)(丁)无

⑨シ→(丁)〔蓮位コトニ皇太子ヲ恭敬シ尊重シタテマツルトオホエテユメサメテスナハチコノ文ヲカキヲハリヌト云々　コノ夢想ノ記ヲヒラクニ〕シ

⑩上人ハ→(乙)聖人→(丁)聖人本師

⑪化身→(乙)化現→(丁)応現

⑫トイフ　(丁)に無し

⑬コトアキラカ→(乙)事明

⑭リ→(丁)リ〔シカレハカノ御相承ソノ述義ヲ口決ノ末流他ニコトナルヘキ条

第五段①

黒谷ノ先徳 源空② 在世ノムカシ矜哀ノアマリ③ 或④時ハ恩許ヲ蒙テ製作ヲ見写シ或④時ハ真筆ヲ下⑤シテ名字ヲ書⑥賜ス スナハチ顕浄土方便化身土文類ノ六 云 親鸞上⑦人撰⑧述 シカルニ⑨愚禿釈 鸞建仁 辛⑩酉ノ暦⑪ 雑行ヲステ、本⑫願ニ帰シ元久 乙 丑ノ歳恩恕ヲカウフリテ選択ヲカク⑬ 同 年⑭初夏中旬第四日⑮ 選択本願念仏集ノ内題ノ字ナラヒニ南無阿弥陀仏⑯往生之業 念仏為本ト釈⑰ 綽空ト 空ノ真筆ヲモテコレヲカ、シメタマヒ⑱ 同⑲ 日空ノ真影⑳㉑マウシアツカリ㉒図画シタテマツル 同二年閏七月下 旬第九日㉓ 真影ノ銘㉔ハ真筆ヲモテ南無阿弥陀仏⑯ 若我成仏十方衆生 称我名号下至十声 若不生者不取正覚 彼仏今現在成仏当知本誓重願不虚 衆生称念必得

傍若無人トイヒツヘシシルヘシ」

①第五段 (甲)(乙)(丙)に無し
(乙)図絵有り

② 空源 (甲)に無し

③アマリ→(甲)(乙)(丙)余

④或時→(乙)ある時→(丁)アルトキ

⑤下シ→(甲)(丙)降→(乙)降し→(丁)クタシ

⑥書賜ス→(甲)書 賜→(丁)カキタマフ

⑦上→(乙)聖

⑧撰→(甲)(乙)(丙)選

⑨「シ…云」(七八頁)(甲)(乙)(丙)はこの段全文漢文((甲)(丙)は送り仮名あり、(乙)は無し)

⑩辛 酉→(甲)(丙)辛酉→(乙)酉辛 (丁)酉辛

⑪暦→(甲)歴

⑫本願ニ帰シ→(甲)(丙)帰二本願一→(丁)本願ニ帰ス

⑬カク→(甲)(丙)書

往生ノ真文トヲカ、シメタマヒ①　又夢ノ告ニヨリテ②綽空ノ字ヲ改テ③　同日御筆ヲモテ名ノ字ヲ書④シメタマヒヲハリヌ⑤　本師聖人今年七旬三ノ御歳ナリ　選択本願念仏集⑥ハ禅定博陸⑦（月輪殿兼実法名円照）ノ教命ニヨリテ⑧選⑨集セシメタマフトコロナリ　真宗ノ簡要念仏ノ奥義コレニ⑩摂在セリ見モノサトリヤスシ　マコトニコレ希有最勝ノ華文無上⑪甚深ノ宝典ナリ　年ヲワタリ日ヲワタリ⑫ソノ教誨ヲ蒙⑬ルノ人⑭千万ナリトイヘトモ　親⑮トイヒ疎トイヒコノ見写ヲウルノ徒ハナハタモテカタシ　シカルニステニ製作ヲ書⑯写シ真影ヲ図画⑰ス　コレ専念正業ノ徳ナリコレ決定往生ノ徴⑱ナリ　ヨ⑲テ悲喜ノ涙ヲオサヘテ由来ノ縁ヲシルスト⑳云云

⑭年初→丁年〔ノ〕初
⑮日→丁日〔三〕
⑯無→甲乙丙无
⑰ト　甲に無し
⑱カ、シメタマヒ→甲丙令　書→丁カ、シメタマヒキ
⑲同→甲同
⑳ノ→乙丙之
㉑マウシ→丙申→丁マフシ
㉒アツカリ→甲丙預→丁アツカリテ
㉓旬→丙旬
㉔ハ　甲丙に無し

①カ、シメタマヒ→甲丙令　書→丁カ、シメタマヒキ
②ヨリテ→甲乙依
③テ　甲丙に無し
④書シメタマヒ→甲丙令書→丁カカシメタマヒ
⑤ヲハリヌ→甲丙了→乙訖
⑥集ハ→甲丙集者
⑦陸→陸
⑧ヨリテ→甲乙丙依→丁ヨテ

⑨選集セシメタマフトコロナリ→（甲）（丙）所（トコロ）レ令（シムル）二撰集（センシフセ）一也（ナリ）

⑩コレニ摂在セリ→（甲）（丙）摂（セウ）二在（サイス）于（ニ）レ斯（コレ）

⑪無→（丁）无

⑫ワタリ→（丙）渉（ワタリテ）→（丁）ワタリテ

⑬蒙（カウフ）ル→（甲）（丙）蒙（カフル）→（丁）カウフル

⑭千万ナリト→（甲）千万（センハント）→（丙）千万（イクセムハント）

⑮親（シン）トイヒ疎（ソ）トイヒ→（丙）云（イヒ）レ親（シタシト）云（イヒ）レ疎（ウトシト）→（丁）親（シン・シタシキ）トイヒ疎（ソ・ウトキ）トイヒ

⑯書写シ→（甲）書写（ショシャ）

⑰図画（ツクワ）ス→（甲）図画（ツエシ上ル）→（丙）図（ツ）画（クワシ上ル）

⑱徴（チョウ）→（甲）徴（シルシ）→（丙）徴（チツ・シルシ）→（丁）徴（チ・シルシ）

⑲ヨテ→（丁）ヨ〔リ〕テ

⑳シルス→（甲）（丙）註（チュス）→（丁）註（シルス）

①第六段

②凡　源空聖人在生ノ③イニシヘ他力往生ノ④旨ヲヒロメタマヒシニ世アマネクコレニ⑤挙リ人コト〳〵クコレニ帰⑥シキ　⑦紫禁青宮ノ政ヲ重スル砌ニモ⑧マツ黄金樹林ノ萼ニコヽロヲカケ　⑨三槐九棘ノ道ヲ正スル家ニモ直ニ四十八願ノ月ヲモテアソフ　⑩加之⑪戎狄ノ⑫輩⑬黎民ノ⑭類コレヲアフキコレヲ⑮貴ストユ⑯フコ⑰トナシ　貴賤轅ヲメクラシ門前市ヲナス　常随⑱昵近ノ⑲緇徒ソノカスアリ都テ三百八十余人ト云云　⑳シカリトイヘトモ親ソノ化ヲ㉑ウケ懃ニソノ誨ヲ㉒マモル族ハナハタマレナリ　㉓ワツカニ五六輩ニタニモタラス　善信㉔聖人或時申シタマハク　㉕予難行道ヲ閣テ易行道ニ㉖ウツリ　聖道門ヲ遁テ浄土門ニ入シヨリ㉗以来　芳命ヲカウフルニアラスヨリハ

①第六段　(甲)(乙)(丙)に無し
(甲)(乙)(丙)図絵有り
②凡→(甲)(乙)(丙)おほよそ→(丁)
オホヨス
③イニシヘ→(甲)(丙)古
④旨→(乙)(丁)むね
⑤挙→(乙)(丁)こそ
⑥シキ→(甲)ス　(丙)に無し
⑦紫禁青宮　左(甲)オ、ヤケ
ノマシマストコロ　(丙)オ
ホケヤノマシマストコロ
マウケノキミノマシマ
ストコロ
⑧マツ→(甲)(乙)(丙)先
⑨三槐九棘　左(丙)大臣ナリ
公卿ナリ
⑩加之→(乙)(丁)しかのみなら
す
⑪戎狄　左(甲)(丙)ニシノヱヒ
スキタノエヒス武士ナリ
⑫輩→(甲)(丙)(丁)ともから
⑬黎民　左(甲)(丙)イヤシキヒ
トナリ
⑭類→(甲)(丙)(丁)たくひ
⑮貴→(甲)(乙)(丙)(丁)たふとひ

①アニ出離解脱ノ良因②ヲタクハヱンヤ　③ヨロコヒノ④ナカノ⑤ヨロコヒ⑥ナ
ニコトカ⑦コレニシカン　シ⑧カルニ同室ノ好ヲ結テトモニ一師ノ誨
ヲアフク⑨輩コレ⑩多トイヘトモ　真実ニ報土得生ノ信心ヲ成シタラ⑪
ンコト自他⑫ヲナシクシリカタシ　故ニ且ハ当来ノ親友タル⑬ホトヲ
モシリ且ハ浮生ノ⑭思出トモ⑮シハンヘランカタメニ　御弟子参集ノ砌
ニシテ出言ツカ⑯フマツリテ面面ノ意趣ヲモ⑰⑱試ント⑲オモフ所望アリ
ト云云　大師聖人云　コノ条⑳モトモシ㉑カルヘシ　スナハチ明日人
人来臨ノ㉒時オホセラレイタスヘシト　シカルニ翌日集会ノトコロ
ニ㉓上人親鸞ノタマハク今日ハ信不退行不退ノ御座ヲ両方ニワカタ
ルヘキナリ　㉔何レノ座ニツキタマフヘシトモ㉕オノ〱㉖示シタマヘ
ト㉗ソノ㉘時三百余人ノ門侶ミナ㉙ソノ意ヲ㉚ヱサル㉛気アリ　㉜トキニ法印

---

⑯ユ→(甲)(乙)(丙)(丁)い
⑰コト→(甲)(乙)事
⑱昵近　左(甲)(丙)ムツヒ
⑲緇徒　左(甲)(丙)ソウナリ
⑳カリ→(乙)(丙)か［あ］り
㉑ウケ→(甲)(丙)受
㉒マモル→(甲)(丙)守→(乙)守る
㉓「ワ・・・ス」一四字　(丙)に無し
㉔聖人→(甲)上人　(丙)に無し
㉕予　左(丁)ワレ
㉖ウツ→(乙)移
㉗以来→(丁)コノカタ

①アニ→(甲)(乙)(丙)豈
②タクハヱンヤ→(甲)(乙)(丙)蓄哉
③ヨロコヒ→(甲)(乙)(丙)喜
④ナカ→(甲)(乙)(丙)中
⑤ヨロコヒ→(甲)(乙)(丙)悦
⑥ナニコト→(甲)(乙)(丙)何事
⑦コレニシカン→(甲)(丙)加レ之→(乙)加之
⑧カル→(乙)(丙)か［あ］る
⑨輩→(甲)(乙)(丙)(丁)ともから

①大和尚位聖覚㈠并ニ釈信空②上人③法蓮信不退ノ御座ニ④著ヘシト云
云　㈠次ニ沙弥法力⑤熊谷直実入道　遅参シテ⑥マウシテ云　㈠善信⑦御房ノ⑧御執筆
⑨ナニコトソヤト　善信⑩上人ノタマハク㈣信不退行不退ノ座ヲワケラ
ル、ナリト㈢　法力⑪房⑥マウシテ⑫云㈢⑬シカラハ法力モルヘカラス信不
退ノ座ニマイルヘシト云云　㈠仍コレヲ⑭カキノセタマフ　コ、ニ数百
人ノ門徒群居ストイヘトモ㈤⑮更ニ一言ヲノフル㈠人ナシ㈥　⑯コレ恐クハ自
力ノ迷心ニ㈠拘テ金剛ノ真信ニ㈠昏カイタストコロ⑰歟　㈠人ミナ⑱無音ノ
⑲アヒタ執筆⑳上人　㉑親鸞自名ヲノセタマフ㈨　ヤ、㈤㉒暫アリテ大師聖人㉓オ
ホセラレテノタマハク　源空モ信不退ノ座ニツラナリハン㉔ヘルヘシ
ト　㉕ソノ㉖トキ門葉㉗アルヒハ㉘屈敬ノ気ヲアラハシ㉗アルヒハ㉙欝悔ノイ㈨
ロヲフクメリ

---

⑩多→(甲)(乙)(丙)(丁)おほし
⑪ランコト→(甲)りといふこと→(乙)らむこと→(丙)らむ事
⑫ヲ→(甲)(乙)(丁)お
⑬ホト→(丙)程
⑭思出→(丙)思出→(丁)オモヒテ
⑮ハンヘ→(甲)(乙)侍→(丙)侍
⑯フ→(甲)(乙)(丙)う　(丁)に無し
⑰モ　(甲)(丙)に無し
⑱試ン→(甲)(丙)試→(乙)試む→(丁)コ、ロミン
⑲オモフ→(甲)思→(丙)思ふ
⑳モトモ→(甲)(乙)(丙)最
㉑シカルヘシ→(甲)(丙)可レ然→(乙)可然
㉒時→(乙)(丁)とき
㉓上→(乙)(丙)聖
㉔何→(乙)(丁)いつ
㉕オ→(乙)(丁)を
㉖示シタマヘ→(甲)(乙)示給へ→(丙)示給→(丁)シメシタマヘ
㉗ソノ→(甲)(丙)其

㉘時→(乙)(丁)とき
㉙ソノ→(乙)(丙)其
㉚ヱ→(甲)(乙)(丙)得→(丁)エ
㉛気ア→(甲)気〔色〕あ
㉜トキニ→(甲)(丙)于レ時→(乙)于
時

---

①大和尚位→(甲)権大僧都→
(丙)和尚位→(丁)大和尚
②上人　(甲)(乙)(丙)に無し
③法蓮→(甲)(乙)(丙)法蓮上人→(丁)上人法蓮
④著ヘシ→(甲)(丙)可レ着→(乙)
可着→(丁)ツクヘシ
⑤熊谷　(甲)(丙)に無し
⑥マウシテ→(甲)(乙)(丙)申
⑦御房→(丙)聖人
⑧ノ　(甲)(乙)(丙)に無し
⑨ナニコトソヤ→(甲)(丙)何事
哉→(乙)何事そや
⑩上→(乙)(丙)聖
⑪房→(乙)坊
⑫ウ→(丁)フ
⑬シカラハ→(甲)(乙)(丙)然者
⑭カキノセ→(甲)(丙)書載
⑮更→(甲)(乙)(丙)(丁)さら

二六　八四

⑯恐ク→㊂恐ラク→㊃ヲソラク
⑰歟→㊁カ
⑱無→㊀无
⑲ヒ→㊀㊃い
⑳上→㊂聖
㉑親鸞　㊂に無し
㉒暫→㊂㊁㊃しはらく
㉓オホセラレテノタマハク→㊀㊁被レ仰レ云→㊂被仰云
㉔ハンヘル→㊀侍→㊂侍る→㊁侍（ハヘ）る
㉕ソ→㊀㊂㊁㊃こ
㉖トキ→㊂時
㉗アルヒ→㊀㊂㊁或
㉘屈敬　左㊀クタレルウヤマフ　㊁クタヒレウヤマフ
㉙鬱悔　左㊀㊁イキトヲリクユ

①第七段

㈣上人親鸞ノタマハクイニシヘ②ワカ③大師聖人④源空ノ御⑤マヘニ　聖信房

勢観房念仏房⑥以下ノ㈢⑦ヒト〳〵オホカリ⑧シ⑨トキ　ハカリナキ諍論ヲ

シ⑩ハンヘル⑪コトアリキソノユヘハ　聖⑫人ノ御信心ト善信カ信心トイ

サ、カモカハル㈣トコロアルヘカラスタ、⑬ヒトツナリト⑭マウシタリシ

ニ　コノ⑮ヒト〳〵トカメテ㈡云　善信房ノ聖人ノ御信心ト⑯ワカ信心ト

ヒトシ⑰トマウサル、㈢コトイ㈣ハレナシイカテカヒトシカルヘキト　善

信⑭マウシテ㈠云ナトカヒトシト⑰マウサ、ルヘキ⑱ヤソノユヘハ　深智博

覧ニヒトシカラントモ⑲マウサハコソマコトニオホケナクモアラメ

往生ノ信心ニイタリテハ⑳ヒトタヒ他力信心ノコトハリヲ㉑ウケ㉒タマ

ハリシヨリ㉓以来全クワタクシナシ　シカレハ聖人ノ御信心モ他力

---

①第七段　甲乙丙に無し　甲図絵有り
②ワカ→甲乙丙我
③大→乙本
④空源　甲乙丙に無し
⑤マヘ→甲乙丙前
⑥以→乙丙已
⑦ヒト→甲乙丙人
⑧シ→甲き
⑨トキ→甲その時→乙丙時
⑩ハンヘ→甲乙丙侍
⑪コト→乙丙事
⑫人ノ→乙人〔空源〕の
⑬ヒトツ→乙一
⑭マウシ→甲乙丙申→丁マフシ
⑮ヒト→甲丙人
⑯ワカ→甲我
⑰マウ→甲乙丙申→丁マフ
⑱ヤ　甲丙に無し
⑲マウ→乙丙申→甲丁まふ
⑳ヒト→乙丙一
㉑ウケタマハリ→甲丙承
㉒タマハ→乙給
㉓以来全→甲乙丙丁このか

ヨリタマハラセタマフ善信カ信心モ他力ナリ　故ニヒトシクシテカハルトコロナシトマウ①スナリトマウ②シ侍シトコロニ　大③師聖人マサシク仰④ラレテ云　信心ノカハルトマウ⑤スハ自力ノ信ニトリテノコトナリ　スナハチ智慧⑥各別ナル⑦ユヘニ信マタ各別ナリ　他力ノ信心ハ善悪ノ凡夫トモニ仏ノカタヨリタマハル信心ナレハ　源空カ信心モ善信房ノ信心モサ⑧ラニカハルヘカラスタ、ヒ⑨トツナリ　ワカカシコクテ信スルニアラス信心ノカハリアフテオハシマサンヒ⑩ト〳〵ハワ⑪カマイラン浄⑫土ヘハヨモマイ⑬リタマハシヨク〳〵コ、ロエラルヘキコ⑭トナリト云云　コ、ニ面⑮面舌ヲマ⑯キ口⑰ヲ閉⑱テヤミニケリ

たまた
①マウス→㊙㊚㊛申→㊜マフス
②マウシ→㊙㊚㊛申→㊜マフシ
③大→㊚本
④仰ラレテ云→㊙㊛被レ仰レ云→㊚被仰てのたまはく→㊜オホセラレテノタマハク
⑤マウス→㊙申ス→㊚㊛申→㊜マフス
⑥慧→㊙㊚㊛惠
⑦ルユ→㊙㊚る〔か〕ゆ
⑧サラ→㊚更
⑨ヒトツ→㊛一
⑩ヒト→㊚㊛人
⑪ワ→㊙源空
⑫ン→㊚㊛む
⑬イリ→㊙㊚㊛いらせ→㊚ヒリ
⑭コト　㊙に無し→㊚㊛事
⑮面面舌→㊚めむめむした→㊜面々ニシタ

⑯マキ→（丙）巻
⑰口→（甲）（乙）くち
⑱閉→（甲）（乙）（丁）とち

第八段①(タイハチタン)

御弟子入西房(オンテシニフサイハウ)　上人②(シヤウニン)　親③(シン)鸞(ラン)ノ真影(シンエイ)ヲウツシ奉④(タテマツラン)トオモフ心⑤(コヽロ)サシアリテ日⑥(ヒ)コロヲフルトコロニ　上人②(シヤウニン)ソノ心⑤(コヽロ)サシアルコトヲ㈢カヽ⑦ミテ仰⑧(オホセ)ラレテ云㈦(ノタマハク)　定禅法橋(チヤウセンホフケウ)　七条辺(シチテウヘン)二居住(キヨチユ)㈥　ニウツサシムヘシト入西房(ニフサイハウ)鑑察(カムサチ)ノ旨⑨(ムネ)ヲ随喜(スヰキ)シテスナ⑩ハチカノ㈡法橋(ホフケウ)ヲ召請(テウシヤウ)ス　定禅(チヤウセン)左右(サウ)ナクマイ⑪リヌスナ⑩ハチ尊顔(ソンケン)ニ向⑫(ムカ)ヒ奉⑬(タテマツリ)テマ⑭ウシテ云⑮(イハク)　去夜(キヨヤ)奇特(キトク)ノ霊夢(レイム)ヲナン⑯感⑰(カン)スルトコロナリ　ソノ夢(ユメ)㈣ノ中(ナカ)ニ拝⑱(ハイ)シ奉⑲(タテマツ)ルトコロノ聖僧(シヤウソウ)ノ面像(メンサウ)　イマ向⑫(ムカ)ヒ奉⑳(タテマツ)ル容貌(ヨウハウ)㈥ニスコシモタカフ㉑トコロナシトイヒテタチマチ㉒ニ随喜(スヰキ)感(カム)歎(タン)ノ色㈠(イロ)フカクシテミ㉓ツカラソ㉔ノ夢㉕(ユメ)ヲカ㉖タル　貴僧二人(クヰソウニニン)来入(ライシフ)ス一人(ヰチニン)ノ僧(ソウ)㉗ノタマハク　コ㉘ノ化僧(クヱソウ)ノ真影(シンエイ)ヲウツサシメントオモフ㈥コ㈢ヽロサシアリネカハクハ禅下(センカ)筆㈠(フテ)ヲク㉙タスヘシト　定禅問(チヤウセントヒ)㉚テ云㈠(イハク)㈡　カノ化僧(クヱソウ)タ㉛

三〇　八八

①第八段　(甲)(乙)に無し　(丙)は第八段の全文無し　(甲)(乙)(丙)図絵有り
②上→(甲)(乙)(丁)聖
③鸞親　(甲)に無し→(丁)繼親
④奉→(甲)(乙)(丁)たてまつらん
⑤心→(乙)(丁)こゝろ
⑥コロ→(甲)(乙)来
⑦カ、ミ→(甲)(乙)鑑
⑧仰ラレ→(甲)被レ仰→(乙)(丁)おほせられ
⑨旨→(甲)(乙)(丁)むね
⑩スナハチ→(甲)則→(乙)すなわち
⑪マイリヌ→(甲)参す
⑫向→(甲)(乙)(丁)むか
⑬奉→(甲)(乙)(丁)たてまつり
⑭マウシ→(甲)(乙)申→(丁)マフシ
⑮云→(甲)いわく→(乙)(丁)いはく
⑯ン→(甲)む
⑰感スルトコロナリ→(甲)所感也
⑱拝シ奉ルトコロノ→(甲)所

レヒトソヤ　①件(クタン)ノ僧(ソウ)㈢ノ㈠云(イハク)善光寺(センクワウシ)ノ本願(ホンクワン)②ノ御房(オンハウ)③コレナリト　④コ、ニ
定禅(チヤウセン)⑤掌(タナコヽロ)ヲアハセ⑥跪(ヒサマツ)キテ㈠夢(ユメ)㈣ノ⑦中(ウチ)ニオモフ⑧ヤウサテハ生身(シヤウシン)ノ弥陀(ミタ)
如来(ニヨライ)ニコソト身(ミ)㈣ノ⑨毛(ケ)⑩ヨタチテ恭敬尊重(クキヤウソンチユウ)ヲイタス　マタ⑪御(ミ)⑫クシハカ
リヲウツサレンニ⑬足(タリ)ヌヘシト⑭云云(ウンウン)　⑮カクノコトク問答往復(モンタフワウフク)シテ夢(ユメ)㈠
サメヲハリヌ　⑯シカルニ⑰イマコノ貴坊(クヰハウ)⑱ニマイリテ⑲ミタテマツル尊容(ソンヨウ)
夢(ユメ)㈣ノ中(ウチ)ノ聖僧(シヤウソウ)⑳ニスコシモタカハストテ随喜(スヰキ)ノ㉑アマリ㉒ナミタヲナカ
ス　㉓シカレハ㉔夢(ユメ)ニマカスヘシトテ⑰イマモ御(ミ)㉕クシハカリヲウツシ㉖奉(タテマツ)リ
ケリ　夢想(ムサウ)ハ仁治(ニンチ)三(サム)㉗年(ネン)㉘九月(ククワチ)㉙二十日(ハツカ)㈣ノ夜(ヨ)㈢ナリ　㉚ツラ〳〵コノ奇瑞(キスヰ)ヲ
㉛オモフニ聖(シヤウ)㉜人弥陀如来(ニンミタニヨライ)ノ来現(ライケン)トイフコト㉝炳焉(ヘイエン)㈡ナリ　シカレハ㉞スナ
ハチ弘通(クツ)㈥シタマフ教行(ケウキヤウ)㉟オソラクハ弥陀(ミタ)ノ直説(チキセチ)㊱トイヒツヘシ　㊲アキ
ラカニ㊳無漏(ムロ)ノ㊴慧灯(ヱトウ)ヲカ、㊵ケテトヲク濁世(チヨクセ)ノ迷闇(メイアム)ヲ㊶ハラシ　アマネク

奉拝
⑲奉→(乙)(丁)たてまつ
⑳奉→(甲)(乙)(丁)たてまつ
㉑トコロ→(甲)所
㉒タチマチ→(甲)忽
㉓ミ→(甲)身
㉔ラソ→(甲)ら［すなわち］そ→(丁)ら［スナハチ］ソ
㉕夢→(甲)(丁)ゆめ
㉖カタル→(甲)語て云
㉗ノタマハク→(甲)云→(丁)イハク
㉘コノ→(甲)此
㉙クタ→(甲)降
㉚テ　(甲)に無し
㉛タレヒトソヤ→(甲)誰人哉→(乙)たれ人そや

①件ノ僧→(甲)今一人の伴僧→(乙)くたむの僧→(丁)クタンノ僧
②ノ　(乙)(丁)に無し
③コレナリ→(甲)是也
④コ、ニ→(甲)爰
⑤掌ヲアハセ→(甲)合掌→(乙)

甘露(カムロ)ノ法雨(ホフウ)ヲソ①、キテハルカニ②枯渇(コカチ)ノ凡③(ホム)惑④(ワク)ヲ潤(ウルホサ)ンカタメナリト仰⑤(アフ)クヘシ信⑥(シン)スヘシ⑦

たなこゝろをあはせ→㊦合レ掌
⑥跪キ→㊥居跪シ→㊁ひさまつき→㊦踞跪
⑦中→㊁㊦うち
⑧ヤウ→㊥やふ→㊁様
⑨毛ヨ→㊁㊦毛〔い〕よ
⑩ヨ→㊥堅
⑪「御・・・云」二〇字→㊥定禪問云如何可レ奉レ写本願御房答云顔はかりを可写こことくは予可レ染レ筆也と云々
⑫クシ→㊦頭
⑬足→㊁たむ→㊦タル
⑭云云→㊁云々
⑮カクノコトク→㊥如斯
⑯シカルニ→㊥而
⑰イマ→㊥今
⑱マイリ→㊥参
⑲ミ→㊥見
⑳スコシ→㊥少
㉑アマリ→㊥余
㉒ナミタ→㊥㊁涙
㉓シカレハ→㊥然者→㊦シ

カラハ

㉔夢ニマカスヘシ→(甲)可レ任レ夢→(丁)ユメニマカスヘシ

㉕クシ→(甲)顔→(丁)頭

㉖奉→(甲)(乙)(丁)たてまつ

㉗年九→(甲)年〔壬寅〕九

㉘九→(丁)五

㉙二十→(甲)(乙)(丁)廿

㉚ツラ〳〵→(甲)倩

㉛オモフ→(甲)思

㉜人弥→(甲)人〔則〕弥

㉝炳焉　左(丁)イチシルシ

㉞スナハチ　(甲)に無し

㉟オソラク→(甲)恐

㊱イヒツヘシ→(甲)可レ謂

㊲アキラカニ→(甲)また明知いま如来の大慈

㊳無→(丁)无

㊴慧→(甲)(乙)(丁)恵

㊵カ、ケ→(甲)挑

㊶ハラ→(甲)晴

〜〜〜〜〜〜〜〜

①ソ、キ→(甲)灑

②ハルカニ→(甲)ことことく

三四　九二

③惑→(甲)(乙)悪
④潤ンカタメナリト→(甲)潤
さんとすといふ事を→(乙)
うるおさむとなり→(丁)ウ
ルホサンカタメナリト
⑤仰クヘシ→(甲)可仰→(乙)(丁)
あふくへし
⑥信スヘシ→(甲)応レ信
⑦シ　(甲)(乙)次に図絵有り

①本願寺聖人親鸞伝絵　下

②第一段

浄土宗興行ニヨリテ聖道門廃退ス　コレ空師ノ所為ナリトテ忽ニ罪科セラルヘキヨシ南北ノ碩才　③憤④マウシケリ　⑤顕化身土文類⑥ノ六ニ云　⑦竊ニ以レハ聖道ノ諸教ハ行証ヒサシクスタレ　浄土ノ真宗ハ証道イマサカンナリ　シカルニ諸寺ノ釈門教ニクラクシテ真仮ノ門戸ヲシラス　洛都ノ儒林行ニマトヒテ邪正ノ道路ヲ弁ルコトナシ　コヽヲモテ興福寺ノ学徒　太上天皇　諱尊成⑧号後鳥羽院　今上　諱為仁⑨号土⑩御門院　聖⑪暦承元⑫丁卯歳仲春上旬⑬ノ候⑭ニ奏達ス主上臣下

---

①「本・・・下」一〇字　甲乙丙に無し→丁本願寺聖人親鸞伝絵詞下
②第一段　甲乙丙に無し
③憤→甲丙憤→丁イキトヲリ
④マウシ→甲乙丙申→丁マフシ
⑤顕化→丙顕〔浄土方便〕化
⑥ノ　甲乙丙に無し
⑦「竊・・・云」（九四頁）甲　乙丙は全文漢文（甲丙は送り仮名あり、乙は無し）竊→丁ヒソカ
⑧号後鳥羽院　甲返点無し→丁後鳥羽ノ院ト号ス
⑨号土御門院　甲返点無し→丁土御門ノ院ト号ス
⑩門→甲門
⑪暦→甲歴→丙暦
⑫丁卯→甲卯丁→丁丁卯ノ
⑬ノ→甲丙之
⑭ニ　甲丙に無し

法①ニソムキ義ニ違②シイ③カリヲナシアタ④ヲムスフ⑤　コレニヨリテ⑥真宗興隆㊁ノ大祖源空法師　ナラヒニ門徒数輩罪科ヲカンカヘスミタリカハシク死罪⑦ニツミ⑧ス　或㊀ハ僧㊃ノ儀ヲアラタメ⑨姓名㊄ヲ賜㊀テ遠流ニ処⑩ス予⑪ハソノ一㊀ナリ　シカレハステニ僧ニアラス俗ニアラスコノユヘニ禿⑫ノ字ヲモテ姓トス　空師ナラヒニ弟子等諸方ノ辺州ニツミシテ五年ノ居諸⑬ヲヘ⑭タリト云云△　空聖人罪名藤井元彦配所土佐国幡⑮多　鸞⑯聖⑰人罪名藤井善信配所越後国　国府⑱　コノホカ㊆⑲門徒死罪流罪ミナコレヲ略⑳ス　皇帝　諱守成㉑号㉒佐渡院　聖代建暦㉓辛未㉔歳子㉕月㉖中旬第七日岡崎中納言範光卿ヲモテ勅免㉗　コノトキ㉘聖人㉙右ノコトク禿㊃ノ字ヲカキテ奏聞㉚シタマフニ㉛　陛下㉜叡感㉝ヲクタシ侍臣オホキニ褒美㉞ス　勅免アリトイヘ㊄トモカシコ㉟ニ化ヲ施サン㊅カタメ㊱

① 法ニ→(甲)法
② 違　左(丁)タカヒ
③ イカリヲナシ→(甲)成レ忿→(丙)成レ忿
④ アタ→(丁)ウラミ
⑤ ムスフ→(甲)結→(丙)結
⑥ ヨリテ→(甲)因
⑦ ニ→(丁)ヲ
⑧ ツミス→(丙)坐
⑨ アラタメ→(甲)改
⑩ 処ス→(甲)処→(丙)処
⑪ 予　左(丁)ワレ
⑫ 禿　左(丁)カフロ
⑬ 諸→(甲)(乙)(丙)(丁)緒
⑭ ヘタリト→(甲)(丙)経→(丁)ヘタリ［キ］ト
⑮ 幡多→(甲)(丙)(丁)多幡
⑯ 鸞→(甲)鑾
⑰ 聖→(甲)(丙)(丁)上
⑱ 国府→(甲)(丙)(丁)府国
⑲ ホカ→(甲)外→(乙)(丙)外ノ→(丁)ホカノ
⑳ コレヲ略ス→(甲)(丙)略レ之→(乙)略之
㉑ 守成→(甲)(丙)為仁

ニナヲシ[①]ハラク在国（サイコク）シタ[②]マヒケリ

㉒号二佐渡院一　（甲）（乙）返点無し→（丁）順徳院ト号ス
㉓暦→（甲）歴
㉔辛未→（甲）辛（カノト）未（ヒツジ）→（丁）辛未ノ
㉕子→（甲）四
㉖中旬　（乙）に無し
㉗モテ→（丙）も［ち］て
㉘コノトキ→（甲）（乙）（丙）此時
㉙聖→（甲）（丙）上
㉚カキ→（甲）（乙）（丙）書
㉛タマフ→（甲）給→（乙）（丙）給ふ
㉜陸→（甲）陸
㉝クタ→（甲）下→（丁）イタ
㉞褒→（丙）保
㉟カシコニ→（甲）彼
㊱カ　（甲）（乙）（丙）（丁）に無し

①シハラク→（甲）且
②タマヒ→（甲）（乙）（丙）給

①第二段（タイニタン）

聖人（シヤウニン）越後国（ヱチコノクニ）ヨリ常陸国（ヒタチノクニ）ニ②コヘテ　笠間郡稲田郷（カサマノコホリイナタノカウ）ト③イフ④トコロニ隠（イン）
居（キヨ）シタ〔元〕マフ　⑤幽棲（イウセイ）ヲ〔一〕占（シム）トイヘトモ道俗（タウソク）⑥アトヲ⑦タツネ　蓬戸（ホウコ）⑧ヲ⑨トツト
イ〔四〕ヘトモ貴賤（クヰセン）⑩チマタニ⑪アフル　仏法弘通（フチホフクツ）ノ本懐（ホンクワイ）コヽニ成就（シヤウシユ）シ衆生（シユシヤウ）
利益（リヤク）ノ⑫宿念（シユクネム）タチマチニ満足（マンソク）ス　〔七〕コノ〔一〕時聖人（トキシヤウニン）⑬仰（オホセ）ラレテ　〔一〕云（ノタマハク）救世（クセ）
菩薩（ホサチ）ノ告命（カウミヤウ）ヲ⑭ウケシ⑮イニシヘノ⑯ユメ⑰ステニ⑱イマ⑲符合（フカフ）セリ⑳ト

---

①第二段　(甲)(乙)(丙)に無し
(甲)(乙)(丙)図絵有り
②コヘ→(甲)(乙)(丙)越→(丁)コエ
③イフ→(甲)(丙)云
④トコロ→(甲)(乙)所
⑤幽棲→(乙)(丙)(丁)幽栖　左(甲)
(乙)カスカナルスマイ
⑥アト→(甲)(乙)(丙)跡
⑦タツネ→(丙)尋
⑧ヲ　(丁)に無し
⑨トツ→(甲)(乙)(丙)閉
⑩チマタ→(甲)(乙)(丙)衢
⑪アフル→(甲)(丙)溢→(乙)溢る
⑫宿念　左(丁)ムカシノオモヒ
⑬仰ラレテ→(甲)(丙)被レ仰→(乙)被仰→(丁)オホセラレテ
⑭ウケ→(乙)受
⑮イニシヘノ→(甲)往→(乙)往の→(丙)往（イニシヘノ）（ワウ）
⑯ユメ→(甲)(乙)夢→(丙)夢（ユメ）（ム）
⑰ステニ→(甲)(丙)既→(乙)既に
⑱イマ→(甲)(丙)今与→(乙)今と→(丁)イマト
⑲符→(丁)府

①第三段

聖人常陸国ニシ②テ専修③念仏ノ義ヲ④ヒロメタ㈦マフニ　⑤オホヨソ疑謗ノ輩ハ⑥スクナク信順ノ族ハ⑦オホシ　㈢シカルニ一人ノ僧　山臥⑧ト云云　アリテ⑨ヤ、モスレハ仏法ニ怨ヲ⑩ナシツ、結⑪句害心ヲ⑫サシハサミテ聖人ヲ⑬ヨリ〳〵ウカヽ⑭ヒタテマツル　聖人板敷山ト⑮イフ深山ヲ⑯ツネニ往⑰反シタ⑱マヒケルニ　⑲カノ山ニシテ度度⑳アヒマツトイヘ㈣トモ㉑サラニ㉒ソノ節ヲトケス　㉓ツラ〳〵㉔コトノ参差ヲ案スルニ　㉕スコフル奇特ノオ㉖モヒアリ　仍聖人ニ謁セン㈤トオモフ㉗コヽロ㉘ツキテ禅室ニ㉙ユキ㈥テタツネ㉚マウスニ上人左右ナクイテ㉛アヒ㈧タマ㉜ヒケリ　スナ㈨ハチ尊顔ニム㉝カヒタテマツルニ害心忽ニ消滅シテ㉞アマサヘ後悔ノ㉟ナミタ㊱禁シカタシ　㈩ヤ、㊲シハラクアリテ㊳アリノマヽニ㊴日来ノ宿鬱ヲ述

⑳ト　甲乙に無し

①第三段　甲乙丙に無し
②テ専→甲丙て［一向］専　甲乙図絵有り
③念仏　甲丙に無し
④ヒロメ→甲弘
⑤オホヨソ→甲凡
⑥スクナク→甲丙少
⑦オホ→甲丙多
⑧ト　甲乙丙に無し
⑨ヤ、モスレ→甲乙丙動
⑩ナシ→甲丙成
⑪句→甲局
⑫サシハサミ→甲乙丙挿
⑬ヨリ〳〵→甲乙丙時々
⑭ヒ→甲丙イ
⑮イフ→丙云
⑯ツネ→甲乙丙恒
⑰反　左丙ハン
⑱タマヒ→乙給
⑲カノ→甲乙丙彼
⑳アヒマツ→甲乙丙相待
㉑サラニ→甲丙更
㉒ソノ節→甲節→乙丙其節

ストイヘトモ(二二)聖人(シヤウニン)(二三)マタ(二四)ヲトロケルイロ(九)ナシ　(二五)タチトコロニ弓箭(キウセン)ヲキ①リ刀杖(タウチヤウ)ヲス②テ　頭巾(トウキン)ヲト③リ柿(カキ)(四)ノ(一)衣(コロモ)ヲア④ラタメテ仏教(フチケウ)ニ帰(クヰ)シツヽ　(一)終(ツヒ)ニ素懐(ソクワイ)ヲト⑤ケキ不思議(フシキ)ナリシコ⑥トナ(三)リ　スナハ(八)チ明法房(ミヤウホフハウ)コ⑦レナリ(五)上人(シヤウニン)⑧コレヲツケタマヒキ

㉓ツラ〳〵→(乙)倩
㉔コト→(甲)(丙)事
㉕スコフル→(丙)(乙)(丙)頗
㉖オモヒ→(丙)思
㉗コヽロ→(乙)(丙)心
㉘ツキ→(甲)(丙)付
㉙ユキ→(甲)(乙)(丙)行
㉚マウス→(甲)(乙)(丙)申
㉛イテ→(甲)(乙)(丙)出
㉜ヒケ→(甲)(乙)(丙)ひ〔に〕け
㉝ヒタテマツル→(甲)(丙)ふ
㉞アマサヘ→(甲)(乙)(丙)剰
㉟ナミタ→(甲)(乙)(丙)涙
㊱禁シ→(甲)(丙)禁　左(丙)イマシメ
㊲シハラク→(甲)(丙)暫
㊳アリ→(乙)(丙)有
㊴来→(丙)者→(丁)コロ

①キリ→(丙)切
②ステ→(甲)(丙)捨
③トリ→(甲)(丙)取
④アラタメ→(丙)改
⑤トケ→(丙)遂
⑥コト→(甲)(乙)(丙)事

①第四段(タイシタン)

聖人(シヤウニン)東関(トウクワン)ノ堺(サカヒ)ヲイテ②、③華城(クワセイ)ノ路(ミチ)ニ④オモムキマシ〳〵ケリ　⑤アル日(ヒ)
⑥晩陰(ハンイン)ニ⑦及(オヨン)テ箱根(ハコネ)ノ⑧嶮阻(ケムソ)ニカヽリツヽ　⑨ハルカニ行客(カウカク)ノ蹤(アト)ヲ送(オクリ)テヤ⑩
ウヤク人屋(シンヲク)ノ枢(トホソ)ニ⑪近(チカツ)クニ　夜(ヨ)モステニ暁更(ケウカウ)ニヲヨンテ⑫月(ツキ)モハヤ孤(コ)
嶺(レイ)ニカタフキヌ　⑬トキニ聖人(シヤウニン)⑭アユミヨリ⑮ツヽ⑯案内(アンナイ)シタマフニ　マ
コトニ⑰齢(ヨハヒ)傾(カタム)⑱キタル翁(オキナ)ノ⑲正(ウルハシ)ク⑳装束(シヤウソク)㉑シタルカ　イトコト㉒ナク出(イテ)
アヒ　㉓奉(タテマツリ)テ㉔云(イフ)㉕ヤウ　社廟(シヤヘウ)チカキ㉖所(トコロ)ノナラヒ　㉗巫(カムナキ)トモノ㉘終夜(ヨモスカラ)アソ
ヒシ侍(ハンヘ)ルニ　㉙翁(オキナ)モマシハリツルカイマ㉚ナン㉛イサヽカ㉜仮寐(ヨリイ)侍(ハンヘ)ルトヲ㉝
モフホト㉞ニ　夢(ユメ)ニモアラスウツヽニモアラテ㉟権現(コンケン)㊱仰(オホセ)ラレテ云(イハク)　タ㊲ヽ
イマワレ㊳尊敬(ソンキヤウ)㊴ヲイタスヘキ㊵客人(キヤクシン)コノ路(ミチ)ヲ過(スキ)㊶タマフヘキコトアリ
㊷必(カナラ)ス慇懃(インキン)ノ忠節(チウセチ)ヲ抽(ヌキン)テ㊸コトニ丁寧(テイネイ)ノ饗応(キヤウオウ)ヲ㊹マウクヘシト㊺云云(ウンウン)　示(シ)

---

⑦コレナリ→甲乙丙是也
⑧「コ・・・キ」九字→甲つけたまひき→乙これをつけ給き→丙つ気給き

①第四段　甲乙丙に無し
甲乙丙図絵有り
②イテ、→甲乙丙出て
③華→甲乙丙花
④オモムキ→甲丙赴→丁ヲモムキ
⑤アル→甲乙丙或
⑥晩陰　左甲丙ヒクレカケニ
⑦及→乙をよむ→丙オヨヒテ→丁ヲヨヒ
⑧嶮→甲乙丙丁険
⑨ハルカニ→甲乙遙に→丙遙
⑩ヤウヤク→甲乙丙漸
⑪近ク→甲丙近→乙ちかつく
⑫ン→甲乙丙む
⑬トキニ→甲丙于レ時→乙于時

現(ケン)イマタ覚(㈠サメ)①ヲハラサルニ貴僧(クキソウ)②忽爾(コチ)③(シ)トシテ影向(ヤウ④カウ)シ㈦タマヘリ何(㈠ナン)ソ
夕、人(㈠ヒト)ニマシマサン㈥神勅(シンチヨク)⑤コレ炳焉(⑥ヘイエン)㈢ナリ感応(カムオウ)⑦モトモ恭敬(クキヤウ)スヘシ⑧ト
⑨イヒテ尊重(ソンチユウ)⑩屈請(クチシヤウ)⑪シ奉(タテマツリ)テ　サマ〳〵ニ飯食(ホンシキ)ヲ粧(㈠ヨソ)㈨ヒイロ〳〵ニ珍(チン)
味(ミ)ヲ調(㈠ト、ノ)⑫ヘケリ

一〇〇

⑭アユミ→㊙歩
⑮ヨリ→㊙寄
⑯ツ、→㊙て
⑰齢傾→㊦ヨハイカタフキ
　左㊙㊋ヨワイカタフキ
⑱キ　㊙㊁㊋に無し
⑲正→㊙㊁㊋㊦うるわし
⑳装束→㊋しやうそき
㉑シ　㊁㊋㊦に無し
㉒コト、ナク→㊙疾→㊁こ
　とゝく
㉓奉　㊙㊋に無し→㊁たて
　まつり
㉔云→㊙㊁㊦いふ
㉕ヤウ→㊙㊁様
㉖所→㊙㊋ところ
㉗巫→㊙竺→㊦カンナキ
㉘終夜→㊋夙夜→㊦ヨモス
　カラ
㉙翁→㊁㊋おきな→㊦ヲキ
　ナ
㉚カ→㊁に
㉛イマナン　㊙㊋に無し
㉜仮寐→㊙㊋寄井→㊁より
　ぬ→㊦ヨリヰ

㉝ヲモフ↓(甲)(丁)おもふ↓(乙)
思ふ↓(丙)思
㉞ホト↓(甲)程
㉟テ↓(甲)[すし]て↓(丙)(丁)す
㊱仰ラレテ↓(甲)(丙)被レ仰↓
(乙)被仰↓(丁)オホセラレテ
㊲タ、イマ↓(甲)(乙)(丙)只今
㊳ワレ↓(甲)(丙)我
㊴イタス↓(甲)致
㊵客人　左(丙)マレウト
㊶タマフ↓(甲)(丙)給↓(乙)給ふ
㊷必ス↓(甲)(乙)(丁)かならす↓
(丙)必
㊸コトニ↓(甲)(乙)(丙)殊
㊹マウク↓(甲)(乙)(丙)儲↓(丁)マ
フク
㊺云云　(甲)(丙)に無し

---

①ヲハラ↓(甲)(丙)終
②忽爾　左(丁)タチマチニ
③爾　(甲)(乙)に無し
④向↓(甲)(丙)嚮
⑤コレ↓(甲)(乙)是
⑥炳焉　左(甲)アキラカ也
(丙)アキラカナリ

①第五段

聖人②故郷ニ帰テ③往事ヲオモフニ年年歳歳夢ノコトシ幻ノコトシ

④長安⑤洛陽ノ⑥棲モ⑦跡ヲト、ムルニ⑧懶トテ⑨扶風⑩馮翊トコロ〳〵ニ⑪移

住シタマヒキ　五条西洞院ワタリ⑫コレ一ノ勝地ナリトテシハラク

居⑬ヲシメタマフ　⑭今比イニシヘ口決ヲ伝⑮ヘ面⑯受⑰ヲトケシ門徒等

⑱ヲノ〳〵好⑲ヲシタヒ路ヲタツネテ参集シタマヒケリ　⑳ソノコロ常

陸国那荷西郡大㉑部郷ニ平太郎ナニカシ㉒トイフ庶民アリ　㉓聖人ノ

㉔訓ヲ信シテ専㉕ラ㉖フタコ、ロナカリキ　㉗シカルニ㉘アル時件ノ平太郎

所務ニ駆レテ熊野ニ詣スヘシトテ　㉙コトノ㉚由ヲ㉛尋㉜マウサン㉝カタメ㉞ニ

聖人ヘ㉟マイリタルニ㊱仰ラレテ云　㊲ソレ聖教万差ナリイツレモ機㊳ニ

相応スレハ巨益㊴アリ　但㊵シ末法ノ今ノ時聖道㊶門ノ修行㊷ニオヒテ

---

⑦モトモ→甲乙丙最

⑧ヘシ　甲乙丙に無し

⑨イヒ→丙云

⑩屈→甲乙丙丁崛

⑪奉→甲乙丁たてまつり

⑫へ　乙に無し

①第五段　甲乙丙に無し　甲乙丙図絵有り

②故→甲丙古

③往事　左甲丙ムカシノコト

④長安　左甲丙ミヤコノニシ

⑤洛陽　左甲ミヤコノヒンカシ　丙ミヤコノヒムカシ

⑥棲→甲乙丙栖→丁スミカ

⑦跡→甲丙蹤→丁アト

⑧懶→甲乙丙嬾→丁モノウシ

⑨扶風　左丙右京ナリ

⑩馮翊　左丙左京ナリ

⑪移住　左甲丙ウツリスム

⑫コレ→甲丙是　乙に無し

ハ成スヘカラス　①スナハチ我末法時中億億衆生起行修道未有一人得者トイヒ②　唯有浄土一門可通入路ト云云　③コレ皆経釈ノ明文如来ノ金言ナリ　シカルニ④イマ唯有浄土ノ真説ニ就テ　忝⑤カノ⑥三国ノ祖師⑦オノ〳〵コノ一宗ヲ興行ス　所以ニ愚禿勧ルトコロ更ニ⑧私ナシ　然ニ一向専念ノ義ハ往生ノ肝⑨腑自宗ノ骨目ナリ　スナハチ三経ニ隠顕アリトイヘトモ⑩文トイヒ⑪義トイヒトモニ⑫モテ⑬⑭明⑮ナルヲヤ　大経ノ三輩ニモ一向ト勧テ流通ニハコレヲ弥勒ニ付⑯属シ　観経ノ九品ニモシハラク三心ト説テ⑰コレマタ阿難ニ付⑯属ス　小経ノ一⑱心⑲終ニ諸仏⑳コレヲ証誠ス　㉑コレニヨリテ論主一心ト判シ和尚一向ト釈ス　然㉒㉓ハスナハチ何ノ㉔文ニ㉕ヨ㉖ルトモ㉗一向専㉘念ノ㉙義ヲ立㉚スヘカラサルソヤ　証誠殿ノ本地スナハチ㉛今ノ教主ナリ　㉜故㉝ニトテモ

---

⑬シメ→(甲)占→(丙)ト
⑭今比→(甲)今時にあたりて→(丁)コノコロ
⑮ヘ→(乙)ひ
⑯受→(甲)(丁)授
⑰トケ→(乙)(丙)遂
⑱ヲノ〳〵→(丙)をのおの
⑲シタヒ→(甲)(丙)慕→(乙)慕ひ
⑳ソノコロ→(乙)今比
㉑部→(甲)陪
㉒トイフ→(甲)とかや→(丙)と云
㉓「聖・・・ニ」六〇字　(甲)に無し
㉔訓→(乙)〔御〕訓→(丁)ヲシヘ
㉕ラ　(乙)に無し
㉖フタコ、ロ→(乙)貳→(丙)二
㉗シカルニ→(乙)(丙)而
㉘アル→(乙)(丙)或
㉙コトノ→(乙)事の→(丙)事
㉚由→(乙)(丁)よし
㉛尋→(乙)(丁)たつね
㉜マウ→(乙)(丙)申
㉝ン→(乙)(丙)む
㉞カ　(乙)(丙)に無し

①カクテモ衆生ニ結縁ノ②志フカキニヨリテ和光ノ垂㈢跡ヲ③留タマフ
垂㈢跡ヲ④留ル本意タ、結縁ノ群類ヲシテ願海ニ引入セントナリ㈥　シ
⑤カアレハ本地ノ誓願ヲ信シテ⑥一向ニ念仏ヲコト、セン⑦㈠輩⑧公務ニ
モシタカヒ領主ニモ⑨駆⑩仕シテ　⑪ソノ霊地ヲ⑫フミソノ社廟ニ詣セン
㈤コト㈠更ニ自心ノ発起スルトコロニアラス　㈠然⑬ハ垂⑭跡ニヲヒテ⑮内懐
虚仮ノ身タリナカラ　㈠⑯強ニ賢善精進ノ威儀ヲ標スヘカラス　⑰タ、
本地ノ誓約ニマカスヘシ⑱アナカシコ〳〵神威ヲカロシムルニアラ
ス　⑲ユメ〳〵冥皆ヲメクラシタ㈦マフヘカラスト云云　コレニヨリテ
平太郎熊野ニ参詣ス　道ノ作⑳法トリワキ整㈠㉑ル儀ナシタ、常没ノ
凡情ニシタカヒテ㉒サラニ㉓不浄ヲモ㉔刷㈣　コトナシ　行住坐臥ニ本願
ヲ㉕アフキ造次顛沛ニ師㉖教ヲ㉗マモルニハタシテ　無為ニ参㉘著ノ夜㉙件

㉟マイリ→(甲)(丙)参
㊱仰ラレテ→(甲)(乙)被レ仰→(丁)オホセラレテ
㊲ソレ→(甲)(乙)(丙)夫
㊳機　左(丙)シユシヤウ
㊴アリ→(甲)也
㊵シ　(乙)に無し
㊶門　(甲)(乙)(丙)に無し
㊷オヒ→(甲)(丙)をき→(乙)おき→(丁)ヲイ

①スナハチ→(甲)則→(乙)(丙)すなわち
②イヒ→(甲)(丙)言
③コレ→(甲)(乙)(丙)此
④イマ→(甲)(乙)(丙)今
⑤カノ→(甲)(乙)(丙)彼
⑥三国　左(丙)テンチクタウトワカテウナリ
⑦オノ〳〵→(甲)(乙)(丙)各→(丁)ヲノ〳〵
⑧私→(甲)(乙)(丙)(丁)わたくし
⑨腑→(甲)府
⑩文トイヒ→(乙)(丙)云文
⑪義トイヒ→(乙)(丙)云義

ノ男(〔一〕ヲトコ)夢(〔一〕ユメ〔九〕)ニ告(〔一〕ツケテ)云(〔一〕イハク)証誠殿(シヨウシヤウテン)ノ扉(〔一〕トヒラ)ヲ排(〔一〕オシヒラキ)テ衣冠(イクワン)タヽシキ俗人(ソクシン)①仰(オホセ)ラレテ云(〔一〕イハク)汝(〔一〕ナンチ)何(〔一〕ナン)②ソ③ワレヲ忽(④コチ)緒(⑤シヨ)シテ汚穢(ワヱ)不浄(フシヤウ)ニシテ参詣(サム⑥ケイ)⑦スルヤト　⑧ソノ時(トキ〔二〕)カノ俗人(ソクシン)ニ対座(タイサ)シテ聖人(シヤウニン)忽爾(コチシ)⑨トシテマミエタマフ　⑩ソノ詞(〔一〕コトハ〔七〕)ニ⑪ノタマハク　⑫カレハ善信(センシン)カ訓(〔一〕ヲシヘ)ニヨリテ念仏(ネムフチ)スル⑬モノナリ⑭ト云云(ウンウン)　⑮コヽニ俗人(ソクシン)笏(シヤク)ヲタ⑯ヽシクシテコトニ敬屈(ケイクチ)ノ礼(レイ)ヲ著(⑰アラハ)シツヽ　カサネテ述(〔一〕ソフル)トコロナシトミル⑱ホトニユ⑲メサメヲハ〔四〕リヌ　オホヨソ⑳奇異(キイ)ノオ㉑モヒヲナスコトイフヘカラス　下向(ケカウ)ノ後貴(〔一〕ノチクヰ)坊(㉒ハウ)ニマ㉓イリテ委(㉔クワシ)クコ㉕ノ旨(〔一〕ムネ)ヲ㉖マウスニ　聖人(〔六〕シヤウニン⑧)ソノコ〔六〕トナリトノタマフ㉗コレマタ不思議(㉘フシキ)ノ事(㉙コト〔四〕)ナリカシ△

---

⑫トモニ→(甲)(丙)共→(乙)共に
⑬モテ→(甲)以　(乙)(丙)に無し
⑭明→(甲)明〔々〕→(丙)あきらか
⑮ナルヲヤ→(甲)たるをや→(乙)(丙)哉
⑯属→(丙)嘱
⑰コレマタ→(甲)(丙)是又
⑱心→(丙)心〔説 舎利弗に付嘱し〕
⑲終→(乙)(丁)つゐ
⑳コレヲ　(甲)に無し
㉑コレニヨリテ→(甲)(丙)因レ之→(乙)依之
㉒ハ　(乙)に無し
㉓スナハチ→(甲)(乙)(丙)則
㉔文ニ→(甲)文〔証〕に
㉕ヨルトモ→(甲)(乙)(丙)よりて
㉖ルト　(丁)「テ」と右傍補記
㉗一向　(乙)に無し
㉘念→(甲)(乙)(丙)修
㉙ヲ　(甲)(乙)(丙)(丁)に無し
㉚ス　(丙)に無し
㉛今→(甲)(乙)(丙)(丁)いま
㉜故→(乙)〔かるか〕故→(丙)(丁)かるかゆへ

四八　一〇六

㉝トテ→（甲）（丙）左

①カクテ→（甲）（丙）右

②志→（乙）心さし→（丁）コ、ロサシ

③留→（乙）（丁）と〻め

④留→（甲）（乙）（丙）（丁）と〻む

⑤ア　（甲）（丁）に無し

⑥一向→（乙）偏

⑦ン→（甲）（乙）（丙）む

⑧公務→（丙）オホヤケノマツリコト

⑨駆仕シ→（丁）カリツカヘテ「クシシ」と右傍補記
左（丙）カラレツカヘ

⑩シ　（甲）（乙）に無し

⑪ソノ→（乙）其

⑫フミ→（甲）（丙）踏

⑬ハ→（甲）（乙）（丙）者
「ハ・・・シ△（一〇五頁）」
（丙）脱葉　（丙）次に図絵有り

---

⑭跡→(甲)(乙)(丁)迹
⑮ヒ→(甲)(乙)(丁)き
⑯ニ　(甲)(乙)(丁)に無し
⑰タ、→(甲)(乙)唯
⑱アナカシコ→(甲)(乙)穴賢
⑲ユメ→(甲)(乙)努力
⑳トリワキ→(甲)(乙)別
㉑ル　(甲)に無し
㉒ヒ→(甲)(乙)(丁)へ
㉓サラニ→(甲)更→(乙)(丁)更に
㉔刷→(甲)禁→(丁)カイツクロフ
㉕アフキ→(甲)仰→(乙)仰き
㉖教→(甲)(乙)孝
㉗マモル→(甲)守→(乙)凴る
㉘著→(甲)着すそ→(乙)着
㉙件ノ→(甲)伴→(丁)クタンノ

〰〰〰

①仰ラレテ→(甲)(乙)被仰
②ソ　(甲)に無し
③ワレ→(甲)(乙)我
④忽緒　左(甲)イルカセニス
⑤緒→(丁)諸
⑥詣→(甲)着
⑦ルヤ→(甲)る［そ］哉

五〇　一〇八

⑧ソノ→(甲)(乙)爾
⑨マミエタマフ→(甲)(乙)見給
⑩ソノ→(甲)(乙)其
⑪ノタマハク→(甲)(乙)云
⑫カレ→(甲)(乙)彼
⑬モノ→(甲)(乙)者
⑭ナリト→(甲)也→(乙)也と
⑮コ、ニ→(甲)(乙)爰
⑯タ、シク→(甲)直→(乙)直しく
⑰著シ→(甲)著→(丁)アラハシ
⑱ミ→(乙)見
⑲ユメ→(甲)(乙)夢
⑳ソ→(乙)(丁)ス
㉑オモヒ→(甲)思
㉒坊→(甲)(乙)房
㉓イ→(丁)ヒ
㉔委→(甲)くわし→(乙)(丁)くはし
㉕コノ→(甲)(乙)此
㉖マウス→(甲)(乙)申→(丁)申フス
㉗コレマタ→(乙)此又
㉘不思→(甲)(乙)不〔可〕思
㉙事→(乙)(丁)こと

第六段①

聖人弘長二歳②壬戌　仲冬下旬ノ候ヨリイサヽカ③不例ノ気マシマス　ソ④レヨリコノカタ⑤口ニ世事ヲマシヘス⑥タヽ仏恩ノフカキコトヲノ〔三〕フ⑦声ニ余言ヲアラハサス⑧　モハラ称名タユルコトナシ⑨　シカウ⑩シテ同　第八日〔一〕　午時⑪　頭北面西右脇ニ臥⑫〔六〕タマヒテツヰニ念仏ノイキ⑬タ⑭エヲハリヌ　トキニ⑮頽齢⑯九旬ニミチ⑰タマフ　禅房⑱ハ長安馮翊ノ辺押小路南万里小路東　ナレハ　ハルカニ河東ノ路〔一〕ヲ歴⑲テ洛陽東山ノ西　麓〔一〕鳥部野ノ南〔一〕〔四〕　ノ辺〔一〕　延仁寺ニ葬シタテマツル　遺骨ヲ拾テ同〔一〕　山ノ麓〔四〕〔一〕鳥部野ノ北ノ〔一〕〔四〕⑳辺　大谷ニコレ〔六〕ヲオサメ㉑畢ヌ㉒　シカルニ〔三〕終焉ニアフ門弟勧化ヲウケシ老若　ヲノヽヽ在世ノイニシヘヲオモヒ㉓滅後ノイマヲ悲㉔ミテ恋慕涕泣セストイフコトナシ〔三〕

---

①第六段　(甲)(乙)(丙)に無し　(甲)(乙)図絵有り
②歳→(甲)(丙)年
③イサ、カ→(甲)聊
④ソレヨリ→(甲)(丙)自レ爾→(乙)自爾
⑤コノカタ→(甲)(乙)(丙)以来
⑥マシヘス→(甲)不レ交
⑦声→(丁)コヱ
⑧アラハサス→(甲)不レ呈→(丙)あらわさす
⑨ユ→(丙)ふ
⑩シカウシテ→(甲)(丙)而
⑪時→(甲)剋
⑫臥→(丙)臥〔し〕→(丁)フシ
⑬イキ→(甲)(丙)息→(丙)気
⑭タエ→(甲)(丙)たへ→(乙)たえましまし
⑮トキニ→(甲)(丙)于レ時→(乙)于時
⑯頽齢　左(丙)ヨワイ　(丁)カタフケルヨハヒ
⑰ミチ→(甲)(乙)(丙)満
⑱房→(乙)(丁)坊
⑲歴→(丙)暦→(丁)へ

第七段①

文永九年②冬ノコロ③東山西麓鳥部野ノ北大谷ノ墳墓ヲアラタメテ同麓ヨリナヲ④西吉水ノ北ノ辺ニ遺骨ヲ堀渡テ仏⑤閣ヲ立⑥影像ヲ安スコノ時ニ当テ聖人相伝ノ宗義イヨ〱興シ遺訓マス〱⑦盛ナルコト頗ル⑧在世ノ⑨ムカシニ⑩コヘタリ　スヘテ門葉国郡ニ充満シ　末流処処ニ遍布シテ幾千万トイフコトヲシラス　ソノ⑪⑫禀教ヲ重シテカノ報謝ヲ抽ル輩　緇素老少面面ニアユミヲ運テ年⑬年廟堂ニ詣ス　凡聖人在生ノ間奇特コレオホシトイヘトモ⑭羅縷ニ⑮遑アラス　⑯シカシナカラコレヲ略スルトコロナリ⑰

奥書云

右縁起図画之志偏為知恩報徳不為戯論狂言剰又染紫毫拾翰林其体尤拙其詞是苟

---

⑳辺　(乙)に無し→(丁)ホトリ
㉑オサメ→(乙)おさめたてまつり→(丁)ヲサメ
㉒畢→(甲)(丙)おはり→(乙)(丁)をはり
㉓オモヒ→(丙)思
㉔ミ　(甲)(乙)(丙)に無し

①第七段　(甲)(乙)(丙)無し　(甲)(乙)(丙)図絵有り
②年冬→(丙)年〔壬(甲)〕冬
③コロ→(甲)(乙)(丙)比
④ナヲ　(甲)に無し→(乙)猶
⑤仏→(甲)堂
⑥立→(乙)(丁)たて
⑦盛ナルコト→(甲)盛事→(甲)盛こと→(丁)サカンナルコト
⑧ル　(乙)に無し
⑨ムカシ→(甲)(乙)(丙)昔
⑩コヘ→(甲)(乙)(丙)超→(丁)コエ
⑪ソノ→(甲)(乙)(丙)其
⑫禀教　左(丙)ウクオシヘヲ
⑬年廟→(甲)年〔に〕廟

付冥付顕有痛有恥雖然只憑後見賢者之取捨無顧当時愚案之訛謬而已

于時永仁第三暦応鐘中旬第二天至晡時終草書之篇畢

画工　法眼　浄　賀　号康楽寺

暦応二歳己卯四月廿四日以或本俄奉書写之先年愚筆之後一本所持之処世上闘乱之間炎上之刻焼失不知行方而今不慮得荒本記留之者也耳

桑門　釈　宗　昭

画工　大法師　宗　舜　康楽寺弟子

康永二載癸未十一月二日染筆訖

⑭羅縷　左㊦ツラネツラヌク　右㊥ラロウスル
⑮遑アラス→㊀㊁不レ遑→㊦イトマアラス
⑯シ→㊀㊥〔仍〕し
⑰リ　㊀㊁㊥次に図絵有り　㊀は図絵の後「向福寺琳阿弥陀仏主」と有り抹消

御俗姓

―『浄土真宗聖典（原典版）』所収―

凡　例

一、本文・校異における構成・表記等については、原則として『浄土真宗聖典（原典版）』ならびに『浄土真宗聖典（解説・校異）』の凡例に準じた。

二、『浄土真宗聖典（原典版）』ならびに『浄土真宗聖典（解説・校異）』において用いた底本・対校本、および校異において用いた符号は次の通りである。

底　本　◎　浄土真宗本願寺派蔵式務部依用本

対校本　㊙　大谷大学蔵室町時代書写本

　　　　㊁　兵庫県教行寺蔵永禄九年書写本

　　　　㊂　新潟県本誓寺蔵実如上人証判本（高田本七帖の内）

三、漢字は、読解の便を考慮して、原則として常用漢字を含めた現行の通行体に改めた。

四、校異は、各頁ごとに①②③…の校異番号を該当する文字の右傍に付し、本文下の欄外に示した。

五、巻尾に関する校異は次の通りである。

　巻尾

　　㊙「実如（花押）」

　　㊁「永禄九年後八月下旬琇孝之」

御俗姓

①ソレ祖師聖人ノ俗姓ヲイヘハ藤氏トシテ　後長岡②ノ丞相内麿公末孫皇太后宮③ノ大進有範④ノ子⑤ナリ　⑥マタ本地ヲタツヌレハ弥陀如来ノ化身ト号シ⑦アルヒハ曇鸞大師ノ再誕トモイヘリ　⑧シカレハスナハチ生年九歳ノ⑨ハルノ⑩コロ慈鎮和尚ノ門人ニツラナリ　出家得度シテ⑪ソノ名ヲ範宴少納言ノ公ト号ス　ソレヨリコノカタ楞厳横⑫河ノ末流ヲツタヘ天台宗ノ⑬碩⑭学トナリタマヒヌ　⑮ソノ、チ廿九歳ニシテハシメテ源空聖人ノ禅室ニマヒリ上足ノ弟子トナリ　真宗一流ヲクミ専修専念ノ義ヲタテスミヤカニ凡夫直入ノ真心ヲアラ

---

①ソレ→(乙)夫
②ノ　(甲)に無し
③ノ　(甲)に無し
④ノ→(甲)(丙)之
⑤ナリ→(甲)(丙)也
⑥マタ→(甲)(丙)又
⑦アルヒ→(甲)或
⑧シカレハスナハチ→(甲)然則
⑨ハルノ→(甲)春ノ
⑩コロ→(甲)比
⑪ソノ→(甲)其
⑫河→(甲)川
⑬碩→(甲)(乙)(丙)硯
⑭学→(甲)覚
⑮ソノ、チ→(甲)其後

ハシ　在家止住ノ愚人ヲ①ヲシヘテ報土往生ヲス、メマシ〳〵ケリ
②ソモ〳〵今月廿八日③ハ祖師聖人遷化ノ御正忌トシテ毎年ヲイハ
ス親疎ヲキラハス　古今ノ行者コ④ノ正忌ヲ存知セサル⑤トモカラア
ルヘカラス　⑥コレニヨリテ当流ニソノ名ヲカケ⑦ソノ信心ヲ獲得シ
タラン行者　コノ御正忌ヲモテ報謝ノ⑧コ、ロサシヲハコハサラン
行者ニ⑨ヲ⑩ヒテハ⑪マコトニ⑫モテ木石ニヒトシカランモノナリ　シカ
ルアヒタカノ御恩徳ノフカキコトハ迷⑬盧八万ノ⑭イタ、キ蒼溟三千ノ
⑮ソコニコエスキタリ　⑯報セスハアルヘカラス　⑰謝セスハアルヘカ
ラサル⑱モノ歟　⑲コノユヘニ毎年ノ例時トシテ一七⑳ケ日ノアヒタ㉑カ
タノコトク報恩謝徳ノタメニ无二ノ勤行ヲイタストコロナリ　㉒コ
ノ㉓一七ケ日報恩講ノ㉔ミキリニアタリテ門葉ノタクヒ国郡ヨリ来集

---

①ヲ→(丙)オ
②ソモ〳〵→(甲)(乙)(丙)抑
③ハ→(甲)者
④ノ正→(甲)(乙)(丙)ノ〔御〕正
⑤トモカラ→(甲)輩ラ
⑥コレニヨリテ→(甲)因レ茲ニ　→(丙)因レ茲(コレニヨリテ)
⑦ソノ　(甲)に無し
⑧コ、ロサシ→(甲)(丙)志
⑨ヲ→(丙)オ
⑩ヒ→(甲)イ
⑪マコトニ→(甲)誠ニ
⑫モテ→(甲)以
⑬盧→(甲)(丙)慮
⑭イタ、キ→(甲)(丙)頂
⑮ソコ→(甲)(丙)底
⑯報セスハアルヘカラス→(甲)(丙)不レ可レ報セスハ
⑰謝セスハアルヘカラサル→(甲)(丙)不レ可レ謝
⑱モノ→(甲)者
⑲コノユヘニ→(甲)此故ノニ
⑳ケ　(丙)に無し
㉑カタノコトク→(甲)如クレ形ノ

今①ニヲ②ヒテ③ソノ退転ナシ　シ④カリトイヘトモ未安心ノ行者ニイタリテハ⑤イカテカ報恩謝徳ノ儀⑥コレアランヤ　⑦シカノコトキノトモカラハコノ⑧ミキリニヲ⑨ヒテ仏法ノ信不信ヲアヒタツネ⑩テ　コレヲ聴聞シテマコトノ信心ヲ決定スヘクンハ真実々々　聖人報謝ノ懇志ニ⑪アヒカナフヘキモノナリ　⑫アハレナルカナヤ⑬ソレ聖人⑭ノ御往生ハ年⑮忌トヲクヘタヽリテ　ステニ一百余歳ノ星霜ヲ⑯ヲクルトイヘトモ御遺訓マス〱サカンニシテ教行信証ノ名義⑰イマニ眼前ニサエキリ人口ニノコレリ　⑱タフトムヘシ信スヘシ　コレニツイテ当時真宗ノ行者ノナカニ⑲ヲイテ真実信心ヲ獲得セシムル⑳ヒトコレスクナシ　タヽ㉑ヒトメ仁義ハカリニ名聞ノコヽロヲモテ報謝ト号セハ　イカナル㉒コヽロサシヲイタストイフトモ　一念帰命ノ真実ノ

→(丙)如レ形
㉒コノ→(甲)此
㉓一　(甲)(乙)(丙)に無し
㉔ミキリ→(甲)砌リ

①今→(甲)イマ　(丙)に無し
②ヒ→(甲)(丙)イ
③ソノ→(甲)其
④カ→(丙)ア
⑤イカテカ→(甲)争カ→(丙)争
⑥コレアランヤ→(丙)在レ之哉
⑦シカノコトキノ→(丙)如レ然
⑧ミキリ→(甲)砌リ
⑨ヒ→(甲)イ
⑩テ　(甲)に無し
⑪アヒカナフヘキモノナリ→(甲)(丙)可二相叶一者也
⑫アハレナルカナヤ→(甲)(丙)哀哉
⑬ソレ→(甲)(乙)(丙)夫
⑭ノ→(甲)之
⑮忌→(乙)記
⑯ヲクル→(甲)送ル→(丙)オクル
⑰イマニ→(丙)于今

信心(シンシム)ヲ決定(クヱチヤウ)セサランヒト①〳〵ハソノ所詮(シヨセン)アルヘカラス　②マコトニ③ミツ④イリテ⑤アカ⑥オチストイヘルタクヒナルヘキ歟(カ)　⑦コレニヨリテ⑧コノ一七ケ日(ヰチシチカニチ)報恩講中(ホウヲンカウチウ)ニ⑨ヲ⑩イテ他力本願(タリキホンクワン)ノコトハリヲネンコロニキヽヒラ⑪キ　専修一向(センシユヰチカウ)ノ念仏(ネンフチ)⑫ノ行者(キヤウシヤ)ニナランニイタリテハ⑬マコトニ今(コム)月聖人(クワチシヤウニン)ノ御正日(コシヤウニチ)ノ素意(ソイ)ニ⑭アヒカナフヘシ　コレシカシナカラ真(シン)実々(シチ)〳〵報恩謝徳(ホウヲンシヤトク)ノ御仏事(オンフチシ)トナリヌヘキ　モノナリ　アナカシコ〳〵

于⑮時文明九年⑯十一月初比俄為
報恩謝徳染翰記之者也

---

⑱タフトムヘシ信スヘシ→(甲)可レ貴可レ信→(丙)可貴可信
⑲ヲ→(丙)オ
⑳ヒト→(甲)(乙)人
㉑ヒトメ→(甲)(乙)(丙)人目
㉒コ、ロサシ→(甲)志

①ヒト〳〵→(甲)(乙)(丙)人々
②マコト→(甲)誠ト
③ミツ→(甲)(丙)水
④イリ→(甲)(乙)入
⑤アカ→(甲)(丙)垢
⑥オ→(乙)ヲ
⑦コレニヨリテ→(乙)(丙)依レ之
⑧コノ→(甲)此
⑨ヲ→(丙)オ
⑩イ→(乙)ヒ
⑪キ→(甲)(乙)(丙)キ〔テ〕
⑫ノ　(甲)(乙)(丙)に無し
⑬マコトニ　(丙)に無し
⑭アヒカナフヘシ→(甲)(丙)可二相叶一
⑮時→(甲)也

⑯年　㊙㊋に無し

親鸞聖人御絵伝

―滋賀県・本願寺赤野井別院所蔵―

第一幅

四、蓮位夢想

三、六角夢想

二、吉水入室

一、出家学道

一、出家学道 [一][二]

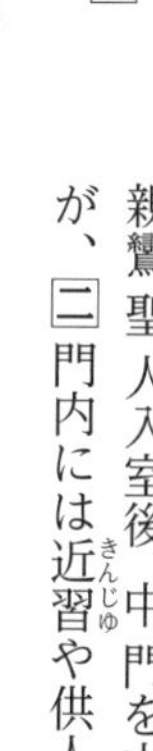

親鸞聖人入室後、中門を中心に、[一]門外には牛車や馬の世話をする供人が、[二]門内には近習や供人の様子が描かれている。

[一]慈円和尚の住坊（白川坊）を牛車に乗り訪ねられた図

① 親鸞聖人ご乗車の牛車
② 警備や雑用を行う舎人
③ 供人
④ 牛車を曳いた牛と牛飼童
⑤ 牛繋ぎの松と（無常を表す、あるいは出家を祝福する春の）桜
⑥ 日野範綱卿乗馬の馬と従者

[二]親鸞聖人が客殿に入られた後の供人の様子

① 範綱卿の家来
② 稚児
③ 慈円和尚の家人
④ 親鸞聖人近習

一、出家学道 三四

三 慈円和尚との面談の後、四 得度に臨まれるお姿が描かれている。

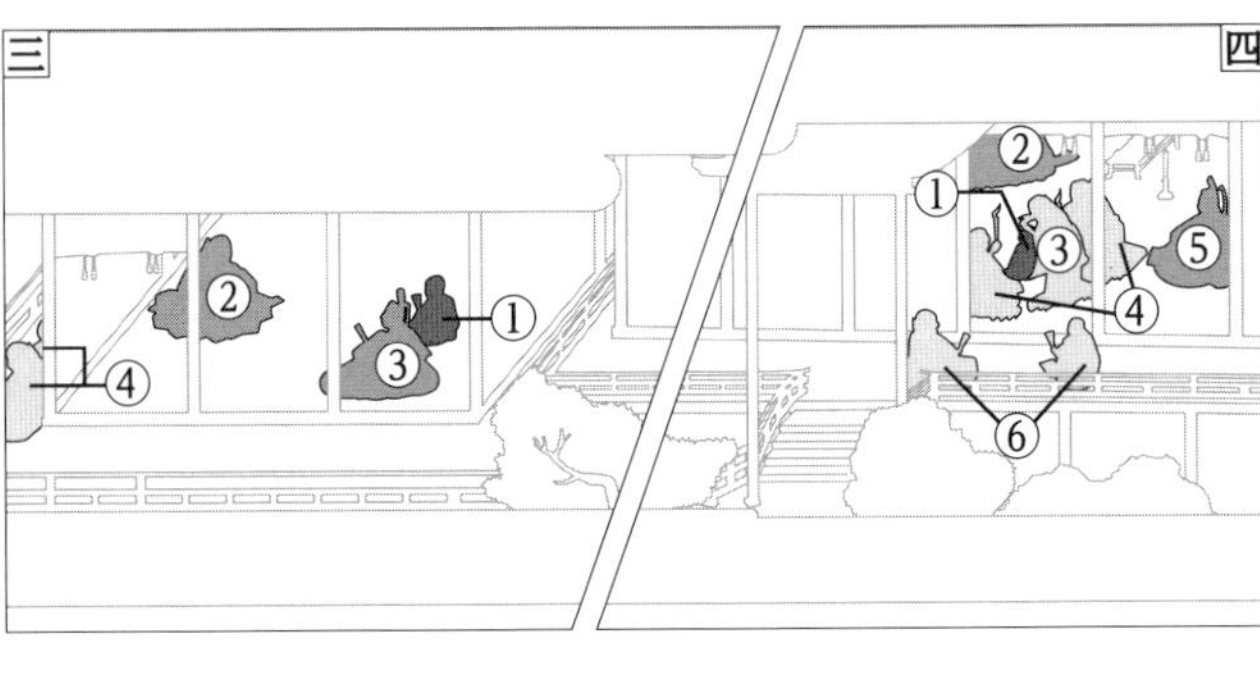

四 得度を受けられる仏殿の図

① 剃髪（ていはつ）を受けられる親鸞聖人（範宴（はんねん））
② 慈円和尚
③ 剃髪を行う僧
④ 紙燭（ししょく）を掲げる侍僧（さぶらいそう）
⑤ 日野範綱卿
⑥ 稚児と慈円和尚のお弟子

三 慈円和尚と対面をされている客殿の図

① 親鸞聖人
② 慈円和尚
③ 日野範綱卿
④ 稚児と慈円和尚のお弟子

二、吉水入室 五六

五禅坊の門を入り、六法然聖人と対面される様子が描かれている。

五 法然聖人のもとを訪ねられる図

①素絹白袈裟の親鸞聖人（範宴）
②供奉の僧
③稚児
④輿
⑤お見送りの僧

六 法然聖人との対面の図

①親鸞聖人
②墨衣墨袈裟の法然聖人
③法然聖人の侍僧、一説には勢観房源智とも善恵房証空ともいわれる

三、六角夢想 七 八

七 夢告（むこく）をいただかれる姿と、八 東方の群衆に説き聞かせている様子が描かれている。

八 御堂の縁に立ち東方の群衆に向かって説法されている親鸞聖人の図
① 親鸞聖人
② 比叡山雲母坂（きららざか）登り口にある赤山（せきざん）権現（ごんげん）
③ 親鸞聖人の説法を聞く人々

七 聖僧（しょうそう）姿の救世観音（くせかんのん）に合掌される親鸞聖人の図
① 白蓮華に座す白衲（びゃくのう）の聖僧（救世観音）
② 親鸞聖人
③ 通夜の人々、中央の僧侶は夢告中の親鸞聖人

四、蓮位夢想 九

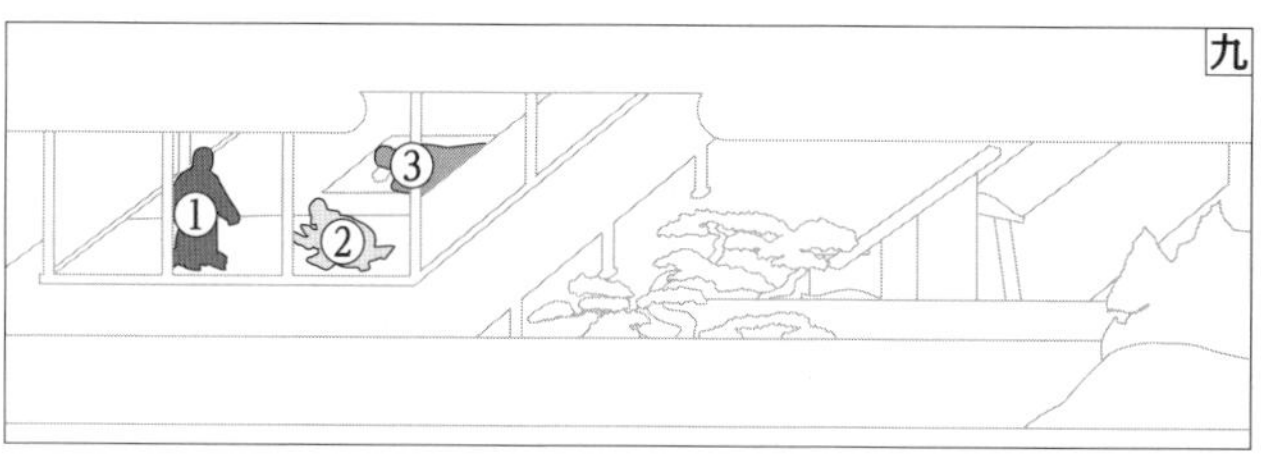

九 聖徳太子（しょうとくたいし）が親鸞聖人を拝まれている、蓮位房（れんいぼう）の夢告の内容が描かれている。

九 蓮位房夢想の図

① 墨衣墨袈裟姿で立たれている親鸞聖人

② 皇太子が儀式の際に着用する黄丹袍（おうにのほう）姿の聖徳太子

③ 側臥（そくが）する蓮位房

第二幅

八、入西鑑察

七、信心諍論

六、信行両座

五、選択付属

五、選択付属 

〔一〇〕『選択集』の伝授と、〔一一〕讃銘の揮毫が描かれている。

〔一〇〕『選択集』を法然聖人から伝授されている図

① 親鸞聖人（綽空）
② 『選択集』を渡される法然聖人
③ お弟子の僧侶
④ 給仕を行う僧侶

〔一一〕法然聖人が真影に讃銘を書かれ、親鸞聖人がいただかれている図

① 親鸞聖人
② 讃銘を書かれる法然聖人
③ 給仕を行う僧侶
④ 稚児

六、信行両座 [一二][一三]

門を境に、[一二]信行(しんぎょう)両座(りょうざ)の分判を提言される姿と、[一三]両座分判の様子が描かれている。

[一二]親鸞聖人が信行両座の分判を法然聖人に提言されている図

① 提言をされる親鸞聖人
② 法然聖人
③ お弟子の僧侶方

[一三]両座分判の図

① 筆を持って記帳される親鸞聖人
② 法然聖人
③ 聖覚法印(せいかくほういん)
④ 法蓮房信空(ほうれんぼうしんくう)
⑤ 遅参したことを謝る法力房蓮生(ほうりきぼうれんせい)(熊谷直実(くまがいなおざね))
⑥ 法力房の持ち物である編笠(あみがさ)と鹿杖(かせづえ)。下駄は脱ぎ散らかされている
⑦ 三百人あまりのお弟子方

七、信心諍論 一四

一四 法然聖人を前に、論争するお弟子方の様子が描かれている。

一四 法然聖人のお弟子方が論争されている図

① 親鸞聖人
② 法然聖人
③ 正信房湛空(しょうしんぼうたんくう)・勢観房源智・念仏房などのお弟子方
④ 他のお弟子方
⑤ 給仕を行う僧侶

八、入西鑑察 一五 一六

一五 御真影の図画を許され、一六 製作している様子が描かれている。

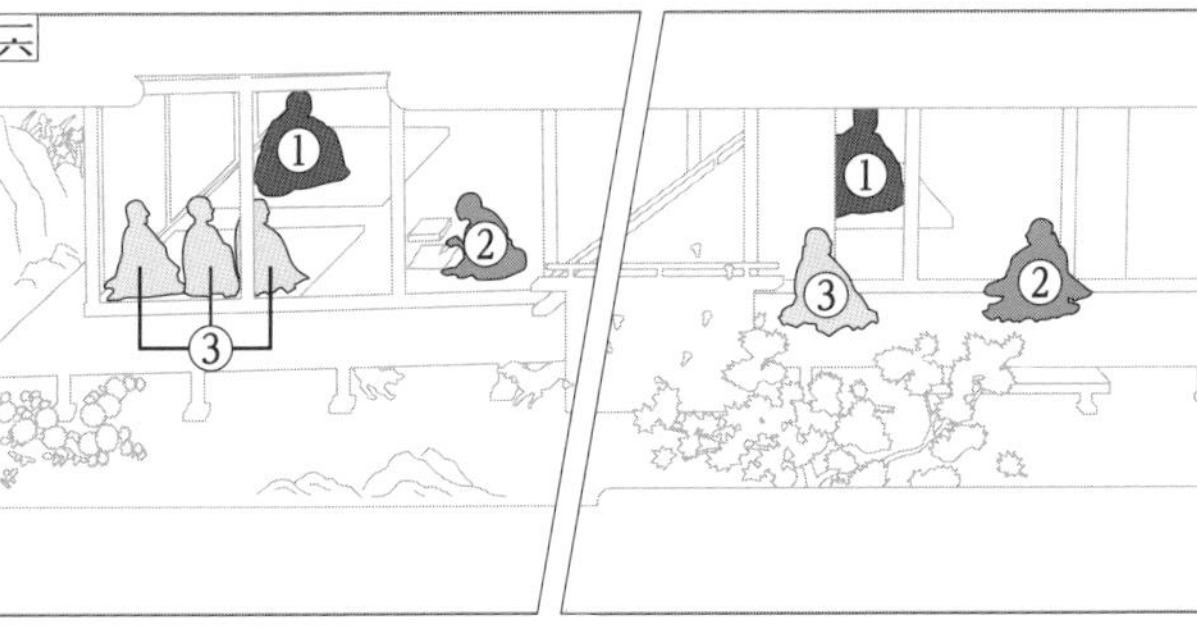

一五 親鸞聖人が入西房に御真影の図画を許される図

① 親鸞聖人
② 入西房
③ 蓮位房

一六 定禅法橋が筆を持ち御真影を製作されている図

① 親鸞聖人
② 定禅法橋
③ 入西房・蓮位房などのお弟子方

第三幅

一一、弁円済度

一〇、稲田興法

九、師資遷謫

九、師資遷謫　[一七][一八]

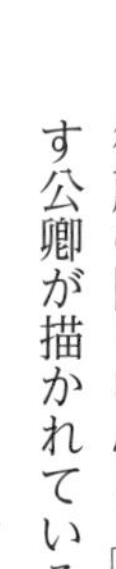

御所の門を中心に、[一八]申し立てを行う公卿(くぎょう)と、[一七]専修念仏(せんじゅねんぶつ)停止(ちょうじ)を申し渡す公卿が描かれている。

[一七]公卿が南都(なんと)北嶺(ほくれい)の申し立てを奏上しようとしている図

① 一説には、御所東側に位置する陽明門(ようめいもん)

② 念仏停止の訴えを奏上する公卿(一説には藤原親経(ふじわらのちかつね))

③ 公家や武士・稚児の供人

④ 公卿の乗って来た牛車

⑤ 門を見張る警護の武士

⑥ 南都あるいは比叡山から出向している五位の法印

⑦ 検非違使(けびいし)の役人

⑧ 取り締まりを行う検非違使の役人

⑨ 取り締まりから逃れようとする門弟(一説によると、僧侶は住蓮房(じゅうれんぼう))

[一八]公卿が検非違使の長官に専修念仏停止を申し渡している図

① 罪科僉議(ざいかせんぎ)の専修念仏停止を申し渡す公卿(一説には藤原親経)

② 申し渡しを受ける検非違使の長官

③ 公卿の仕者(ししゃ)

九、師資遷謫　一九

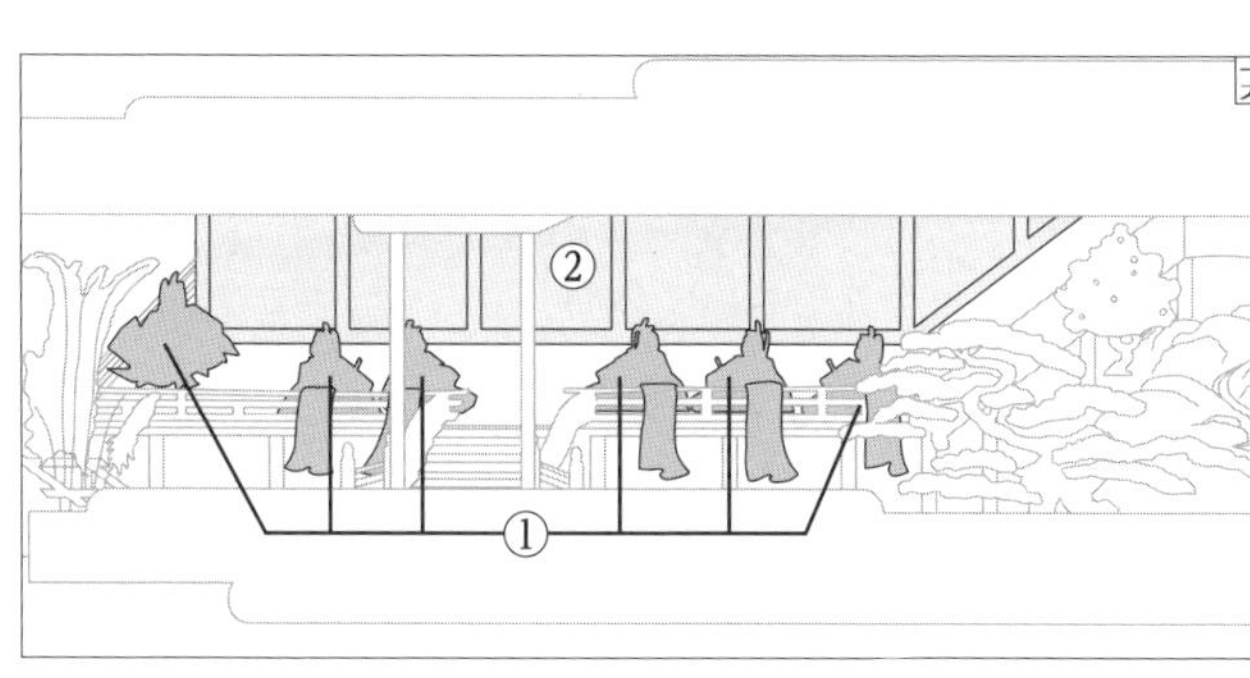

一九　御所で専修念仏停止の評定(ひょうじょう)が行われている様子が描かれている。

一九　公卿が専修念仏停止について評定している図

①評定を行う公卿

②御簾(みす)のなかには土御門(つちみかど)天皇

九、師資遷謫　二〇

二〇 吉水の禅坊を出られる法然聖人のお姿が描かれている。

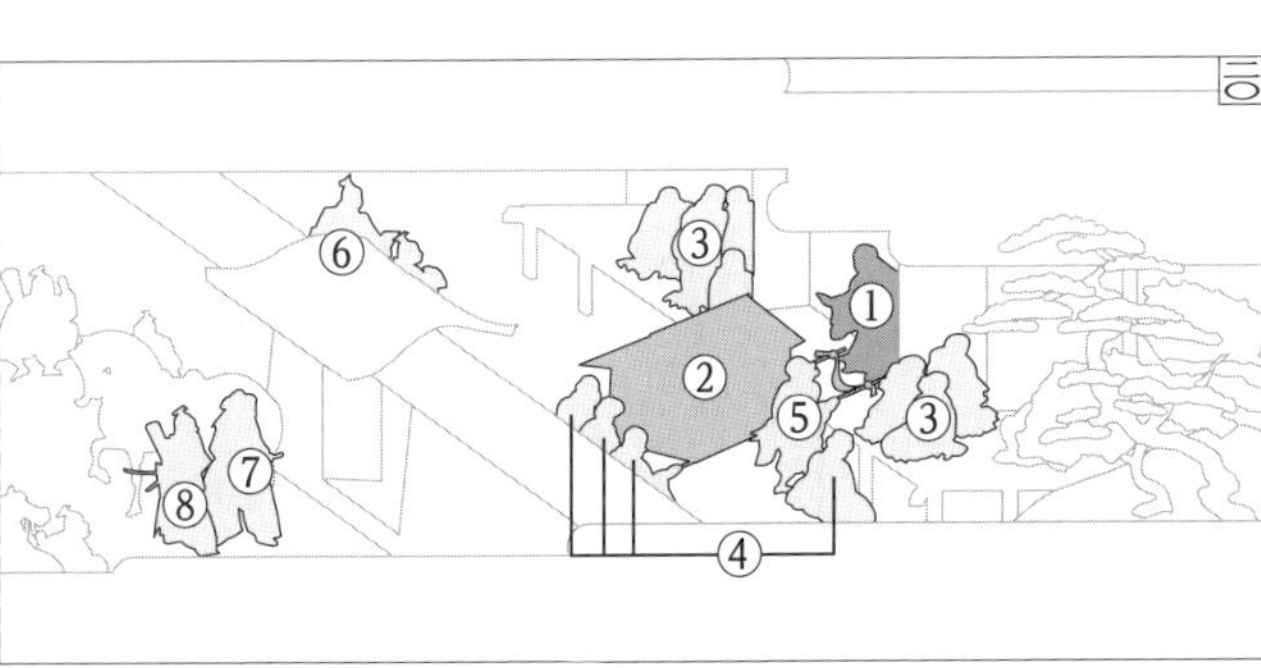

二〇 流罪が決定し禅坊を出られる法然聖人の図

① 墨衣墨袈裟の法然聖人
② 法然聖人が乗られる張輿
③ 別れを悲しむお弟子方
④ 力者法師
⑤ 一説には随蓮沙弥
⑥ 法然聖人より教化を受けた人々
⑦ 追捕の検非違使
⑧ 罪人を配所まで送る領送使

九、師資遷謫　〔二〕〔三〕

門を境に、〔二〕張輿が出発しようとしている様子と、〔三〕張輿が出発した際の様子が描かれている。

〔二〕流罪が決定し、張輿に乗り出立（しゅったつ）されようとしている図

①親鸞聖人が乗られている張輿
②力者法師
③出発を悲しむ同朋（どうほう）の僧侶方

〔三〕張輿を門外に担ぎ出し出発した図

①親鸞聖人が乗られている張輿
②力者法師
③一説には随行する西仏房（さいぶつぼう）
④一説には同行する性信房（しょうしんぼう）
⑤領送使
⑥検非違使

一〇、稲田興法　二三　二四

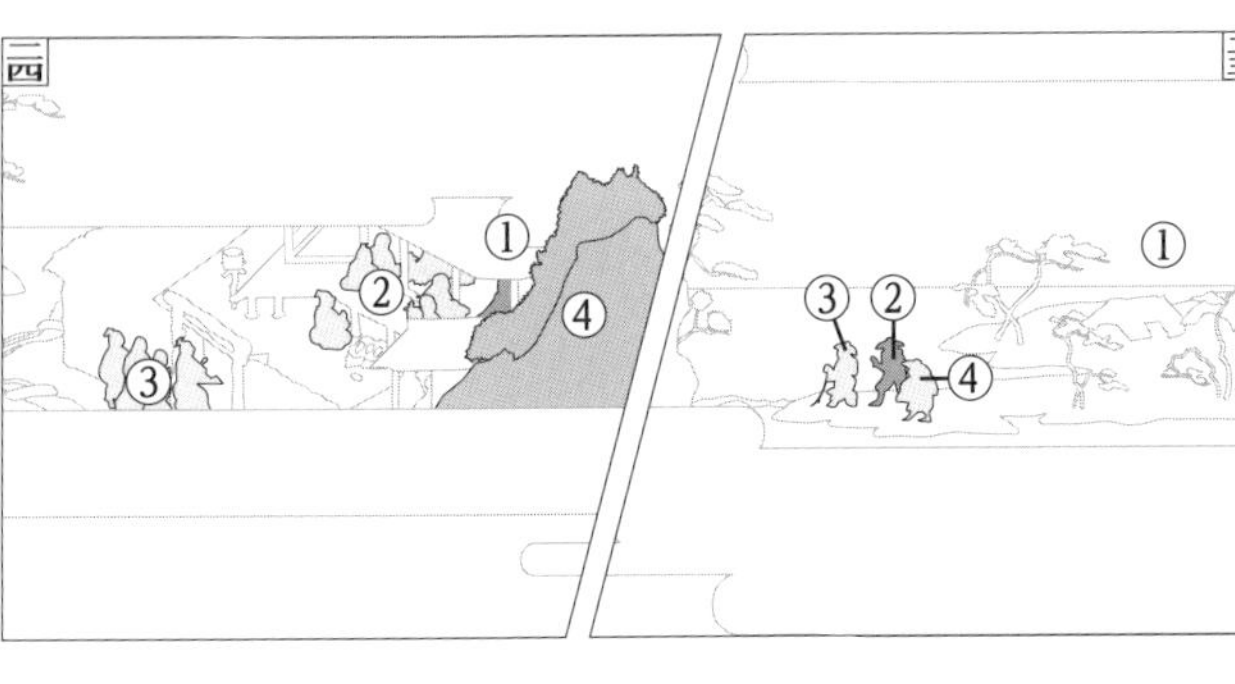

常陸国筑波山(ひたちのくにつくば)を境に、二三各地を訪ねられるお姿と、二四草庵(そうあん)で説法をされているお姿が描かれている。

二三 親鸞聖人が越後(えちご)から常陸へ向かわれる図

① 下野国室八嶋(しもつけのくにむろのやしま)の風景
② 親鸞聖人
③ 一説には西仏房
④ 一説には性信房あるいは蓮位房

二四 稲田(いなだ)の草庵で説法をされる図

① 親鸞聖人
② 西仏房や性信房などの聞法をする僧侶や武士、老若男女(ろうにゃくなんにょ)
③ 門を入る武士や尼僧、その伴人
④ 筑波山

二、弁円済度　[三五][三六]

[三五]板敷山(いたじきやま)での待ち伏せが成功せず、[三六]稲田の草庵に乗り込むも、親鸞聖人に帰依した弁円(べんねん)の姿が描かれている。

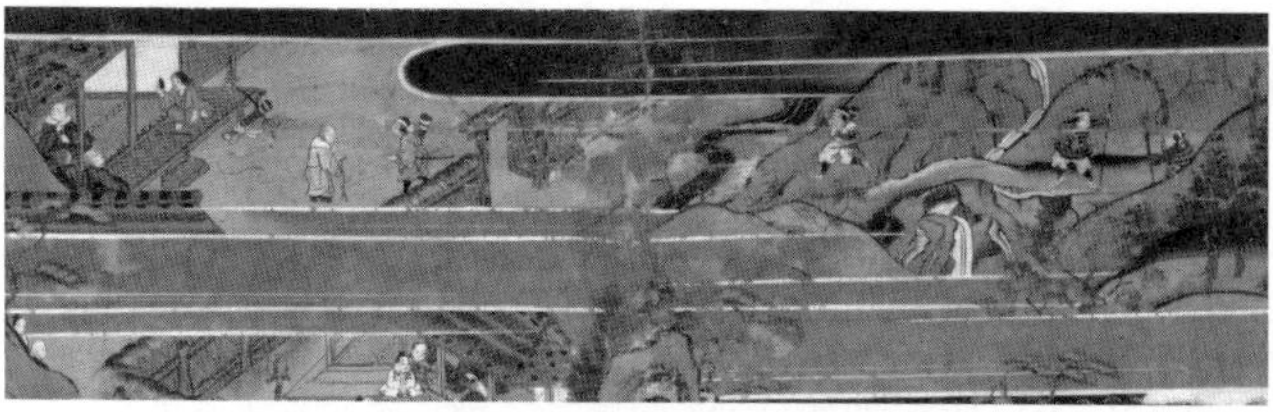

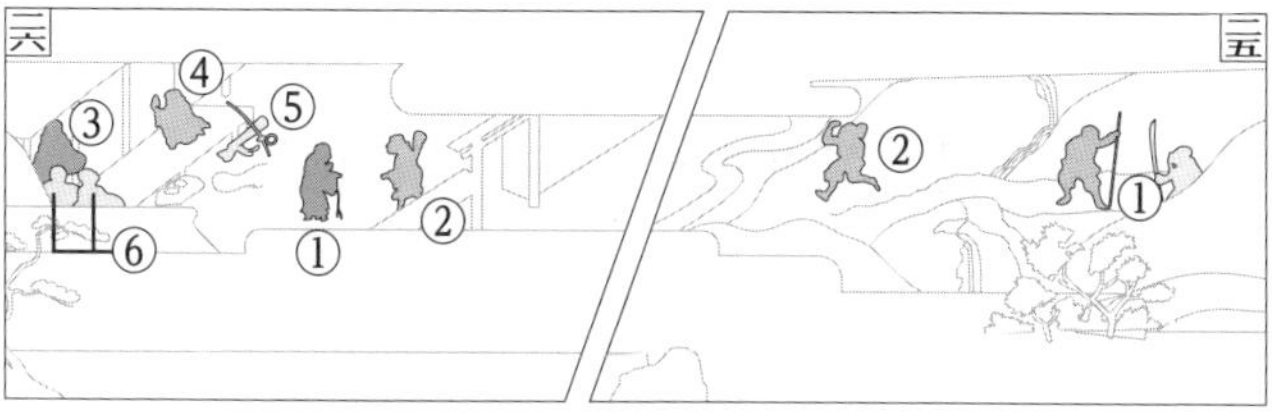

[三五]板敷山山中で、弁円一味が親鸞聖人を待ち伏せしている図

①見張りをする山伏(やまぶし)たち。一人は弁円との説もある

②親鸞聖人のいる稲田の草庵に乗り込もうとする弁円

[三六]稲田の草庵での親鸞聖人と弁円との対面の図

①弁円を出迎えられる親鸞聖人

②稲田の草庵を訪れた弁円

③親鸞聖人

④山伏のいでたちを捨てた弁円

⑤討ち捨てられた弓矢や太刀(たち)

⑥一説には蓮位房と性信房、あるいは西仏房

第四幅

一五、廟堂創立

一四、洛陽遷化

一三、熊野霊告

一二、箱根霊告

二二、箱根霊告
二三、熊野霊告

［二七］［二八］

［二七］歓待を受けられるご一行と、［二八］次の段「熊野霊告」での面談の様子が描かれている。

［二七］神官より出迎えを受ける親鸞聖人ご一行の図

①親鸞聖人
②正装をした神官
③神官の館
④顕智・専信房・西念房・性信房などさまざまな説がある
⑤蓮位房
⑥箱根権現の拝殿
⑦箱根山

［二八］平太郎が五条西洞院の親鸞聖人のもとを訪ねられた図

①親鸞聖人
②縁に膝をついて相談をする平太郎
③蓮位房

一三、熊野霊告　[二九][三〇]

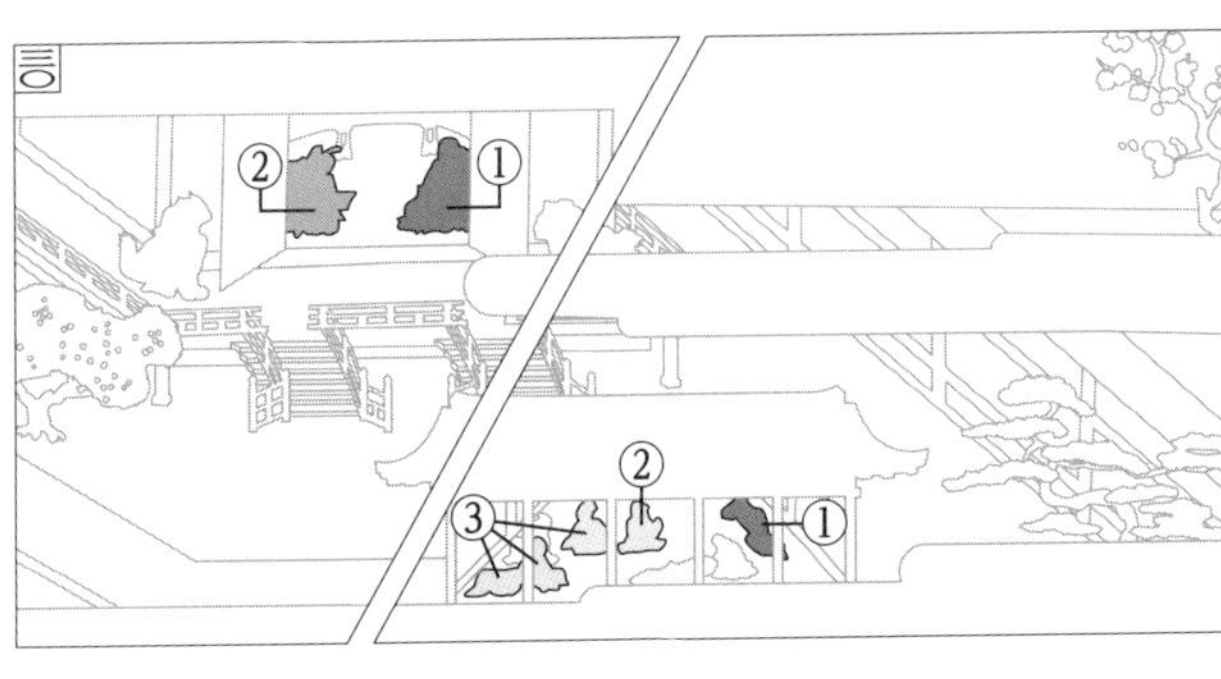

[二九]横臥（おうが）する平太郎の様子と、[三〇]その夢告の内容が描かれている。

[二九]平太郎が参籠所（さんろうじょ）で横臥し夢告を受けている図

①平装の平太郎

②祈祷（きとう）や参詣の案内を行う御師（おし）

③参籠する参詣者、一説に佐竹刑部左衛門末方（さたけぎょうぶさえもんすえかた）とその家臣

[三〇]夢のなかで証誠殿（しょうじょうでん）の扉が開かれた場面

①親鸞聖人

②熊野権現

一四、洛陽遷化

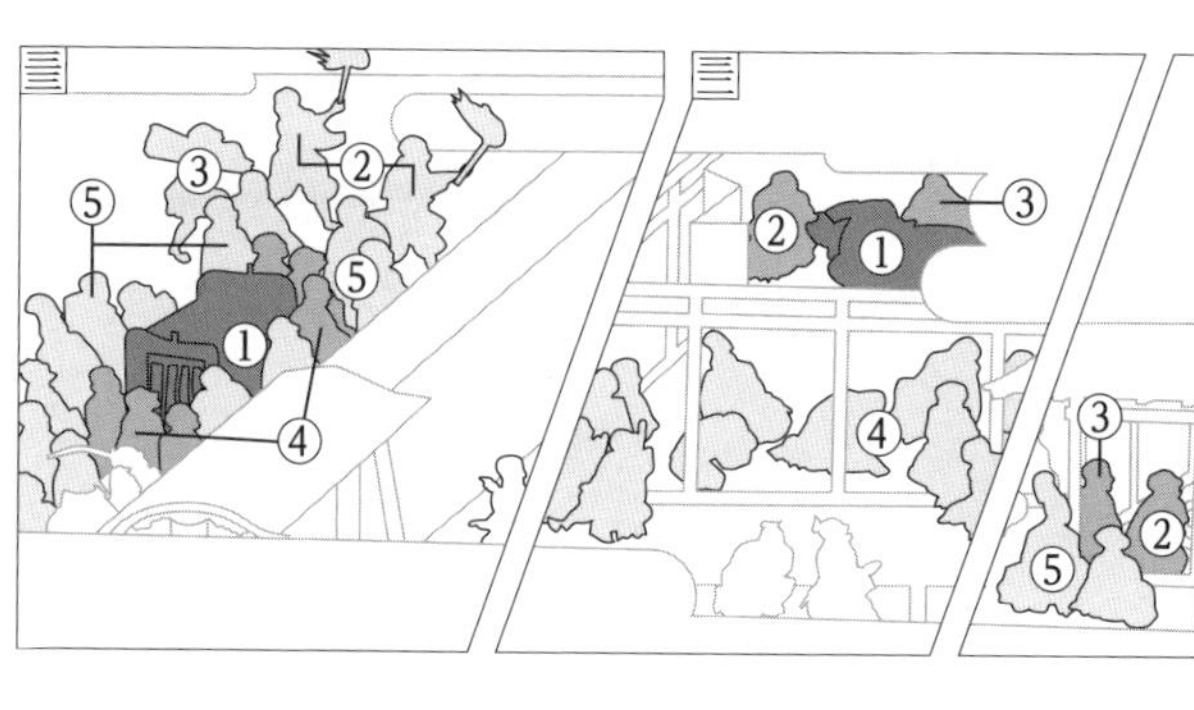

〔三一〕面会されるお姿や〔三二〕ご往生、そして〔三三〕出棺（しゅっかん）の様子が描かれている。

〔三一〕病床に臥された親鸞聖人が門弟方に面会されている図

①火鉢（ひばち）に寄りかかり、門弟方と面会される親鸞聖人
②一説には関東から訪ねてきた顕智
③同じく顕智に同行した専信房（あるいはご子息の益方入道（ますかたにゅうどう））
④一説には蓮位房
⑤見舞いの門弟

〔三二〕ご往生（遷化（せんげ））の図

①親鸞聖人
②一説には益方入道（あるいは顕智）
③同じく弟の尋有（じんう）（あるいは専信房）
④門弟方

〔三三〕棺（ひつぎ）を輿（こし）に乗せ荼毘所（だびしょ）に出発する図

①棺を乗せた輿
②松明（たいまつ）を灯し道案内をする僧侶
③薪（たきぎ）を運ぶ人
④力者法師
⑤輿にお供する門弟方

一四、洛陽遷化 三四 三五

三四 輿が鳥辺野(とりべの)に至り、三五 ご遺体が茶毘に付される様子が描かれている。

三四 鳥辺野の茶毘所に向かう輿の図
① 棺を乗せた輿
② お供の門弟方
③ 様子をうかがう祇園社(ぎおんしゃ)の犬神人(いぬじにん)

三五 茶毘の図
① 茶毘の炎
② 火葬を行う人
③ 門弟方

一五、廟堂創立　三六

三六 建立された大谷廟堂の様子が描かれている。

三六 大谷廟堂の図

①親鸞聖人御影像（御真影）

②廟堂

③正門

④覚如上人

⑤回廊

親鸞聖人略系譜

鎌足（かまたり）―不比等（ふひと）―房前（ふささき）―真楯（またて）―内麿（うちまろ）―真夏（まなつ）―浜雄（はまお）―家宗（いえむね）―弘蔭（ひろかげ）―繁時（しげとき）―輔道（すけみち）―有国（ありくに）―資業（すけなり）―実綱（さねつな）―有信（ありのぶ）―宗光（むねみつ）―経尹（つねまさ）

経尹の子
- 範綱（のりつな）
- 宗業（むねなり）
- 有範（ありのり）

有範の子
- 1 **親鸞**（しんらん）
- 尋有（じんう）
- 兼有（けんう）
- 有意（ゆうい）
- 行兼（ぎょうけん）

親鸞の子
- 範意（はんい）（印信（いんしん））
- 小黒女房（おぐろのにょうぼう）
- 善鸞（ぜんらん）―2 如信（にょしん）
- 明信（みょうしん）（栗沢信蓮房（くりさわしんれんぼう））
- 有房（ありふさ）（益方大夫入道（ますかたたいふにゅうどう））
- 高野禅尼（たかののぜんに）
- 覚信尼（かくしんに）―覚恵（かくえ）―3 覚如（かくにょ）……

（数字は本願寺歴代を示す）

親鸞聖人略年表

凡　例

一、本年表は、宗祖親鸞聖人の誕生（一一七三年）から示寂（一二六二年）に至る九十年の生涯が概観できるようにした。また、参考として歴史上重要な事項を二字下げで記載した。
二、表記については、敬称も含め主として『本願寺年表』に準じた。
三、年号・西暦・歴代宗主の年齢・事項を月日順に列記し、月日不詳の場合はその年の最後に○印を付し、この年であることを示した。
四、閏月は○の中に数字で月を記した。
五、出典の表記には次の略称を用いた。
　　『法然上人行状絵図（勅修御伝）』→『法然絵図』

　　『浄土真宗聖典』所収『親鸞聖人御消息』→『消息』

　なお、「奥書」、「刊記」とあるものは、その文献の「奥書」、「刊記」に依拠することを示す。

年号	西暦	年齢	事項
承安 三	一一七三	親鸞 一	○ 日野有範の子として誕生（出自は親鸞伝絵。誕生年は尊号真像銘文、唯信鈔文意など宗祖真蹟本奥書から逆算）。
安元 元	一一七五	三	○ 源空、専修念仏を唱える（源空聖人私日記・黒谷源空上人伝）。
治承 元	一一七七	五	6・― 鹿ケ谷事件。藤原成親、俊寛ら後白河上皇の近臣が平氏打倒を謀議。
四	一一八〇	八	8・― 源頼朝挙兵。
養和 元	一一八一	九	②・― 平清盛没（六四）。 春 慈円の坊舎で出家得度、範宴と号する（親鸞伝絵）。 ○ 前年以来の大旱魃により諸国大飢饉。
寿永 元	一一八二	一〇	○ 恵信尼（宗祖内室）誕生（恵信尼消息から逆算）。 ○ 昨今年、京都飢饉。
文治 元	一一八五	一三	3・― 平氏、壇ノ浦で滅亡。
二	一一八六	一四	3・― 九条兼実、摂政となる。 ○ 源空、大原で諸宗の僧と対論（法然絵図一四）。大原問答。
五	一一八九	一七	8・1 源空、九条兼実に招かれ専修念仏を説く（玉葉）。 8・8 源空、九条兼実に授戒。兼実その後念仏を始める（玉葉）。
建久 二	一一九一	一九	12・― 九条兼実、関白となる。
三	一一九二	二〇	2・26 源空、後白河上皇に授戒（法然絵図一〇）。 7・― 源頼朝、征夷大将軍となり幕府を開く。 11・― 慈円（宗祖得度の戒師）、天台座主となる。以後三度なる。
九	一一九八	二六	○ 源空、『選択集』を著す（選択要決・選択伝弘決疑鈔）（元久元年の異説あり）。
正治 元	一一九九	二七	1・― 源頼朝没（五三）。
二	一二〇〇	二八	5・― 幕府、専修念仏を禁止（吾妻鏡）。

年号	西暦	年齢	事項
建仁 元	一二〇一	親鸞二九	○ 比叡山を下り、六角堂に参籠。聖徳太子の示現にあずかり、源空の門に入って専修念仏に帰す（教行信証・恵信尼消息・親鸞伝絵）。 ○ 源空門下で研鑽を積まれていた頃（二九歳～三五歳）、『観無量寿経註』『阿弥陀経註』を著す（本願寺蔵宗祖真蹟）。
二	一二〇二	三〇	1・― 九条兼実、源空について出家（明月記）。
三	一二〇三	三一	4・5 夢中に六角堂救世菩薩より「行者宿報設女犯」等の告命をうける（親鸞伝絵）。
元久 元	一二〇四	三二	冬 延暦寺衆徒、専修念仏停止を座主真性に訴える（法然絵図三一）。 11・7 源空、延暦寺衆徒の専修念仏弾圧に対し、誓文を山門に送り、門弟に七箇条制誡を示す（漢語灯録所収送山門起請文・京都府二尊院七箇条制誡）。 11・8 源空の『七箇条制誡』に「僧綽空」と連署（京都府二尊院蔵）。 11・28 某、『選択集』を写す（奈良県当麻寺往生院蔵元久元年書写本奥書）。
二	一二〇五	三三	4・14 源空から『選択集』を付属され、同日、源空の影像を図画する（教行信証）。 ⑦・29 先に図画した影像に源空が讃銘を書く。同日、綽空の名を改める（教行信証）。 10・― 興福寺衆徒、専修念仏について九失をあげて停止を訴える（興福寺奏状）。
建永 元	一二〇六	三四	2・― 興福寺衆徒、再び藤原良経に念仏停止を訴える（三長記）。
承元 元	一二〇七	三五	1・24 院宣により専修念仏を停止（明月記）。 2上旬 専修念仏停止により越後国府に流罪となる。源空は土佐（実際は讃岐）、他の門弟四人も配流、また西意・性願・住蓮・安楽は斬首される（教行信証・親鸞伝絵・拾遺古徳伝）。承元の法難。 4・― 九条兼実没（五九）。
四	一二一〇	三八	4・8 『往生要集』刊行される（龍谷大学蔵室町時代刊本刊記）。
建暦 元	一二一一	三九	3・3 信蓮房（宗祖息男）誕生（恵信尼消息）。

年号	西暦	年齢	月日	事項
二	一二一二	四〇	11・17	流罪を赦免される（親鸞伝絵・拾遺古徳伝）。
			11・―	源空、流罪を赦免され、入京して東山大谷に住む（教行信証・法然絵図三六）。
			1・23	源空、源智に『一枚起請文』を授ける（京都府金戒光明寺蔵奥書・京都府粟生光明寺蔵奥書・龍谷大学蔵元亨元年刊和語灯録所収本奥書）。
			1・25	源空示寂（八〇）（教行信証・高僧和讃・西方指南抄・法然上人伝法絵・拾遺古徳伝）。
			9・―	『選択集』刊行される。
			11・―	高弁（明恵）、『摧邪輪』を著し、『選択集』を批判する（奥書）。
建保二	一二一四	四二	○	上野佐貫で「浄土三部経」千部読誦を発願。やがて中止して、常陸へ行く（恵信尼消息）。
三	一二一五	四三	7・―	栄西示寂（七五）。
四	一二一六	四四	10・28	『往生要集』刊行される（愛知県専光寺蔵刊本刊記）。
承久元	一二一九	四七	②・8	専修念仏停止の宣下くだる（高祖遺文録）。
二	一二二〇	四八	○	慈円、『愚管抄』を著す。
三	一二二一	四九	6・―	幕府、後鳥羽上皇らを流す。承久の乱。
			8・14	聖覚、『唯信鈔』を著す（本願寺蔵宗祖真蹟本奥書・専修寺蔵宗祖真蹟本奥書）。
元仁元	一二二四	五二	8・5	延暦寺衆徒の訴えにより専修念仏停止（皇代暦）。
			○	『教行信証』に仏滅年代算定基準としてこの年をあげる（草稿本成立の年とする説あり）。
			○	覚信尼（宗祖息女）誕生（恵信尼消息）。
嘉禄元	一二二五	五三	9・―	慈円示寂（七一）。
安貞元	一二二七	五五	6・24	延暦寺衆徒、大谷の源空の墳墓を破却する（百練抄・法然上人伝法絵・拾遺古徳伝）。嘉禄の法難。
			7・―	隆寛・幸西・空阿を遠流に処し、ついで専修念仏を停止する（明月記）。

年号	西暦	年齢	事項
安貞 元	一二二七	親鸞五五	10・― 延暦寺衆徒、『選択集』の版木を焼却する（金綱集）。
			12・13 隆寛示寂（八〇）（隆寛律師略伝・法然絵図四）。
二	一二二八	五六	1・25 源空の遺弟ら、源空の遺骸を粟生野に移して荼毘に付す（法然絵図四二）。
寛喜 二	一二三〇	五八	5・25 『唯信鈔』を写す（本願寺蔵宗祖真蹟本奥書・専修寺蔵宗祖真蹟本奥書）。
三	一二三一	五九	4・4 病臥。夢中に建保二年の「浄土三部経」千部読誦の発願と中止を想い、反省（恵信尼消息）。
貞永 元	一二三二	六〇	1・― 高弁示寂（六〇）。
			○ この頃、帰洛（反故裏書）（関東在住二十年とする古説や『口伝鈔』一切経校合の伝承によると文暦・嘉禎の六二、三歳の頃か）。帰洛後しばらく五条西洞院に居住（親鸞伝絵）。
			○ 『般舟讃』刊行される（大谷大学蔵鎌倉時代刊本刊記）。
文暦 元	一二三四	六二	6・30 朝廷、専修念仏を停止（高祖遺文録）。
嘉禎 元	一二三五	六三	3・5 聖覚示寂（六九）（明月記・専修寺蔵顕智書写唯信鈔奥書）。
			6・19 『唯信鈔』（平仮名本）を写す（専修寺蔵宗祖真蹟本奥書）。
			7・24 幕府、黒衣の念仏僧の都鄙往来禁止を奏請（吾妻鏡）。
			○ 如信（宗祖孫　善鸞息男）誕生（本願寺蔵如信寿像裏書から逆算）。
延応 元	一二三九	六七	3・― 『選択集』刊行される（京都府法然院蔵刊記）。
仁治 元	一二四〇	六八	5・14 延暦寺衆徒、専修念仏の停止を幕府に請う（高祖遺文録）。
			10・14 『唯信鈔』を写す（大阪府真宗寺蔵奥書）。
二	一二四一	六九	10・19 『唯信鈔』を写す（京都府常楽寺蔵奥書・真宗法要本校異）。
三	一二四二	七〇	9・21 定禅、入西の求めにより宗祖の影像を描く（親鸞伝絵）。
寛元 元	一二四三	七一	12・21 いや女譲状を書く（本願寺蔵宗祖真蹟）。

年号	西暦	年齢	月日	事項
三	一二四五	七三	8・—	『安楽集』刊行される（龍谷大学蔵刊記）。
四	一二四六	七四	3・14	『唯信鈔』を写す（専修寺蔵顕智書写本奥書・真宗法要本校異）。
			3・15	『自力他力事』を写す（大谷大学蔵恵空書写本奥書）。
宝治元	一二四七	七五	2・5	尊蓮、『教行信証』を写す（大谷大学蔵奥書・龍谷大学蔵奥書・寛永版奥書）。
二	一二四八	七六	1・21	『浄土和讃』『浄土高僧和讃』を著す（専修寺蔵国宝本奥書）。
建長二	一二五〇	七八	10・16	『唯信鈔文意』を著す（岩手県本誓寺蔵奥書）。
三	一二五一	七九	7・—	『選択集』刊行される（本願寺蔵刊記）。
			⑨・20	常陸の門弟に「有念無念の事」を書く（専修寺蔵顕智書写本奥書・末灯鈔一・消息二）。
四	一二五二	八〇	2・24	常陸の門弟に書状を書く（末灯鈔二〇・消息三）。
			3・4	『浄土文類聚鈔』を著す（専修寺蔵真智書写本奥書）。
			3・4	『入出二門偈頌』を著す（茨城県聖徳寺蔵奥書）。
五	一二五三	八一	1・—	道元、『正法眼蔵』を著す。
			8・—	道元示寂（五四）。
六	一二五四	八二	9・—	『往生要集』刊行される（龍谷大学蔵刊記）。
			2・—	『唯信鈔』を写す（滋賀県真念寺蔵奥書・大谷大学蔵恵空書写本校異）。
			9・16	『後世物語聞書』を写す（真宗法要本校異）。
			11・18	二河白道の譬喩を延書にする（茨城県照願寺旧蔵奥書）。
			12・—	『浄土和讃』を写す（反故裏書）。
			○	恵信尼、すでに越後に還住する（恵信尼消息）。
七	一二五五	八三	4・23	『一念多念分別事』を写す（大谷大学蔵奥書・大阪府光徳寺蔵奥書）。
			4・26	『浄土和讃』を写す（専修寺蔵顕智書写本奥書）。
			5・23	真仏、『法然聖人御消息』を写す（専修寺蔵奥書）。
			6・2	『尊号真像銘文』（建長本〈略本〉）を著す（福井県法雲寺旧蔵宗祖真蹟本奥書）。

年号	西暦	年齢	事項
建長 七	一二五五	親鸞八三	6・22 専信、『教行信証』を写す（専修寺蔵「宝暦十二壬午年六月三日御目録」）。
			7・14 『浄土文類聚鈔』を写す（真宗大谷派蔵奥書・滋賀県小松福田寺蔵奥書）。
			8・6 『浄土三経往生文類』（略本）を著す（本願寺蔵宗祖真蹟本奥書）。
			8・27 『愚禿鈔』を著す（専修寺蔵顕智書写本奥書・京都府常楽寺蔵存覚書写本奥書）。
			10・3 「かさまの念仏者のうたがひとはれたる事」を書く（真宗大谷派蔵宗祖真蹟本奥書・末灯鈔二・消息六）。
			11・晦 『皇太子聖徳奉讃』七十五首を著す（専修寺蔵真仏書写本奥書・専修寺蔵顕智書写本奥書・真宗大谷派蔵覚如書写本奥書）。
			12・10 火災にあう（専修寺蔵宗祖真蹟消息・恵信尼消息）。
			12・15 真仏に書状を書く（専修寺蔵宗祖真蹟本奥書）。
			冬 真仏・顕智、『教行信証』を相伝する（顕正流義鈔）。
			○ 朝円、宗祖影像（安城御影）を描く（存覚袖日記）。
			○ 十字の名号本尊に銘を書く（専修寺蔵宗祖真蹟本銘）。
康元 元	一二五六	八四	2・9 蓮位、聖徳太子が宗祖を阿弥陀仏の化身として礼する夢想を得る（親鸞伝絵・口伝鈔）。
			3・23 真仏、『入出二門偈頌』を写す（専修寺蔵真仏書写本奥書）。
			3・24 『唯信鈔文意』を写す（大阪府光徳寺蔵奥書）。
			4・13 「念仏者疑問」を写す（専修寺蔵奥書）。
			4・13 真仏、「四十八誓願」を写す（専修寺蔵奥書）。
			5・28 覚信に書状を書く（専修寺蔵宗祖真蹟本奥書・末灯鈔一一・消息七）。
			5・29 善鸞（宗祖息男）を義絶（専修寺蔵顕智書写消息・消息九）。同日、その旨を性信に報じる（血脈文集二・消息八）。

正嘉元	一二五七	八五	日付	事項
			6・27	善鸞、義絶状を受け取る（専修寺蔵顕智書写消息・消息九）。
			7・25	『往生論註』に加点（本願寺蔵宗祖加点本奥書）。
			10・13	『西方指南抄』（上・末）を、翌日、同（中・末）を写す（専修寺蔵宗祖真蹟本奥書）。
			10・13	真仏・顕智・専信等、三河薬師寺にて念仏を始め、ついで上京。顕智滞京して年末三河に行き念仏を弘める（三河念仏相承日記）。
			10・25	十字・八字の名号本尊を書く（専修寺蔵宗祖真蹟本裏書）。
			10・28	六字・十字の名号本尊を書く（本願寺蔵宗祖真蹟本銘・愛知県妙源寺蔵宗祖真蹟本銘）。
			10・30	『西方指南抄』（下・本）を写す（専修寺蔵宗祖真蹟本奥書）。
			11・8	『西方指南抄』（下・末）を写す（専修寺蔵宗祖真蹟本奥書）。
			11・29	『往相回向還相回向文類（如来二種回向文）』を著す（愛知県上宮寺蔵奥書）。
			1・1	『西方指南抄』（上・末）を校合する（専修寺蔵宗祖真蹟本奥書）。
			1・2	『西方指南抄』（上・本）を写す。同日、同（中・本）を校合する（専修寺蔵宗祖真蹟本奥書）。
			1・11	『唯信鈔文意』を写す（専修寺蔵宗祖真蹟本奥書）。
			1・27	『唯信鈔文意』を写す（専修寺蔵宗祖真蹟本奥書）。
			2・5	真仏、『西方指南抄』（下・本）を写す（専修寺蔵真仏書写本奥書）。
			2・9	夢想に和讃を感得する（専修寺蔵国宝本正像末法和讃）。
			2・17	『一念多念文意』を著す（真宗大谷派蔵宗祖真蹟本奥書）。
			2・27	真仏、『西方指南抄』（中・本）を写す（専修寺蔵真仏書写本奥書）。
			2・30	『大日本国粟散王聖徳太子奉讃』百十四首を著す（真宗遺文纂要所収本奥書）。
			3・2	『浄土三経往生文類』（広本）を著す（興正寺蔵奥書）。

年号	西暦	年齢	事項
正嘉　元	一二五七	親鸞八五	3・5 真仏、『西方指南抄』(上・本)を写す(専修寺蔵真仏書写本奥書)。
			3・20 真仏、『西方指南抄』(中・末)を写す(専修寺蔵真仏書写本奥書)。
			③・1 さる二月九日の夢告の和讃を記す(専修寺蔵国宝本正像末法和讃)。
			③・3 書状に視力等の衰えを記す(末灯鈔八・消息一〇)。
			③・21 真仏、『如来二種回向文』を写す(専修寺蔵奥書)。
			5・11 『上宮太子御記』を写す(本願寺蔵奥書)。
			6・4 『浄土文類聚鈔』を写す(大谷大学蔵奥書)。
			8・6 『一念多念証文(文意)』を写す(龍谷大学蔵奥書・大谷大学蔵恵空書写本奥書・真宗法要本奥書)。
			8・19 『唯信鈔文意』を写す(専修寺蔵顕智書写本奥書・群馬県妙安寺蔵奥書・真宗法要本奥書)。
			10・10 性信に書状を書く(末灯鈔三・消息一一)、同じく真仏に書状を書く(末灯鈔四・消息一二)。
二	一二五八	八六	3・8 真仏示寂(五〇)(正統伝後集・専修寺蔵顕智聞書)。
			6・28 『尊号真像銘文』(正嘉本〈広本〉)を著す(専修寺蔵宗祖真蹟本奥書)。
			7・27 平氏女、大谷北地を小野宮禅念(覚信尼後夫)に譲る(本願寺文書)。
			8・18 真仏、『三部経大意』を写す(専修寺蔵奥書)。
			9・24 『正像末法和讃』を著す(専修寺蔵顕智書写本奥書)。
			10・29 蓮位、宗祖の返書に添えて覚信の上京・示寂の報を慶信に伝える(専修寺蔵奥書・末灯鈔一四・善性本御消息集一、三・消息一三)。
			12・14 顕智、三条富小路善法坊で宗祖から「獲得名号自然法爾」の法語を聞書する(専修寺蔵顕智書写本奥書・末灯鈔五・消息一四)。

年号	西暦	年齢	月日	事項
正元　元	一二五九	八七	○	顕智、三河で和田円善の子信願を教化し、平田に道場を建てる（三河念仏相承日記）。
			9・1	『選択集』延書（上・本）を写し、九月十日、同（下）を写し終る（大谷大学蔵奥書・専修寺蔵奥書）。
文応　元	一二六〇	八八	⑩・29	高田入道に書状を書く（専修寺蔵宗祖真蹟本奥書・消息一五）。
			7・―	日蓮、『立正安国論』を著す。
			11・13	乗信に書状を書く（末灯鈔六・消息一六）。
			12・2	『弥陀如来名号徳』を写す（長野県正行寺蔵奥書）。
弘長　元	一二六一	八九	○	『正像末和讃』を補訂する（文明五年蓮如開版本奥書）。
			2・―	幕府、公布の厳制の中に、念仏者の女人以下を召寄せる事、僧徒の裏頭して鎌倉を往来する事を禁止（吾妻鏡）。
二	一二六二	九〇	11下旬	病む（親鸞伝絵）。
			11・28	未刻、善法坊にて示寂（九〇）（本願寺蔵教行信証奥書・存覚袖日記）、一説に午刻（専修寺蔵真仏書写教行信証奥書・福井県浄得寺蔵教行信証奥書・親鸞伝絵）。覚信尼・益方（宗祖息男）等これに侍す（恵信尼消息）。
			11・29	宗祖を東山鳥辺野にて荼毘に付す（福井県浄得寺蔵教行信証奥書）。
			11・30	拾骨（福井県浄得寺蔵教行信証奥書）。
			12・1	覚信尼、恵信尼に宗祖の訃報を送る（恵信尼消息）。
三	一二六三	如信二九	2・10	恵信尼、覚信尼に宗祖の回顧を伝える（恵信尼消息）。
文永　五	一二六八	三四	3・12	恵信尼（八七）、病により往生の近いことを覚信尼に伝える（恵信尼消息）。
七	一二七〇	三六	12・28	覚如（覚恵息男）誕生（慕帰絵・最須敬重絵詞）。
九	一二七二	三八	冬	宗祖の遺骨を吉水の北に移し、大谷廟堂を建立する（親鸞伝絵・専修寺文書）。
永仁　二	一二九四	六〇	○	宗祖三十三回忌。

年号	西暦	年齢	事項
永仁　三	一二九五	如信六一	10・12 覚如、『善信聖人絵』(親鸞伝絵)を著す(本願寺蔵奥書・慕帰絵)。 12・13 覚如、『善信聖人親鸞伝絵』(親鸞伝絵)を写す(専修寺蔵奥書)。
延元　四 暦応　二	一三三九	覚如七〇	4・24 覚如、『親鸞伝絵』を写す(真宗大谷派蔵〈康永本〉奥書)。
興国　四 康永　二	一三四三	覚如七四	11・2 覚如、『本願寺聖人伝絵』(親鸞伝絵)を重修する(真宗大谷派蔵奥書)。
正平　四 貞和　五	一三四九	覚如八〇	1・15 某、乗観のために『御伝鈔』を写す(岐阜県楢谷寺蔵奥書)。
寛正　五	一四六四	蓮如五〇	5・14 近江赤野井惣門徒に「親鸞絵伝」(四幅)を授ける(滋賀県本願寺赤野井別院蔵奥書)。
文明　九	一四七七	蓮如六三	11初旬 蓮如、「御文章」(『御俗姓』)を書く(大谷大学蔵奥書・新潟県本誓寺蔵奥書・福井県最勝寺蔵奥書)。

地　図

親鸞聖人史蹟略図

京都聖蹟略図

付　　録

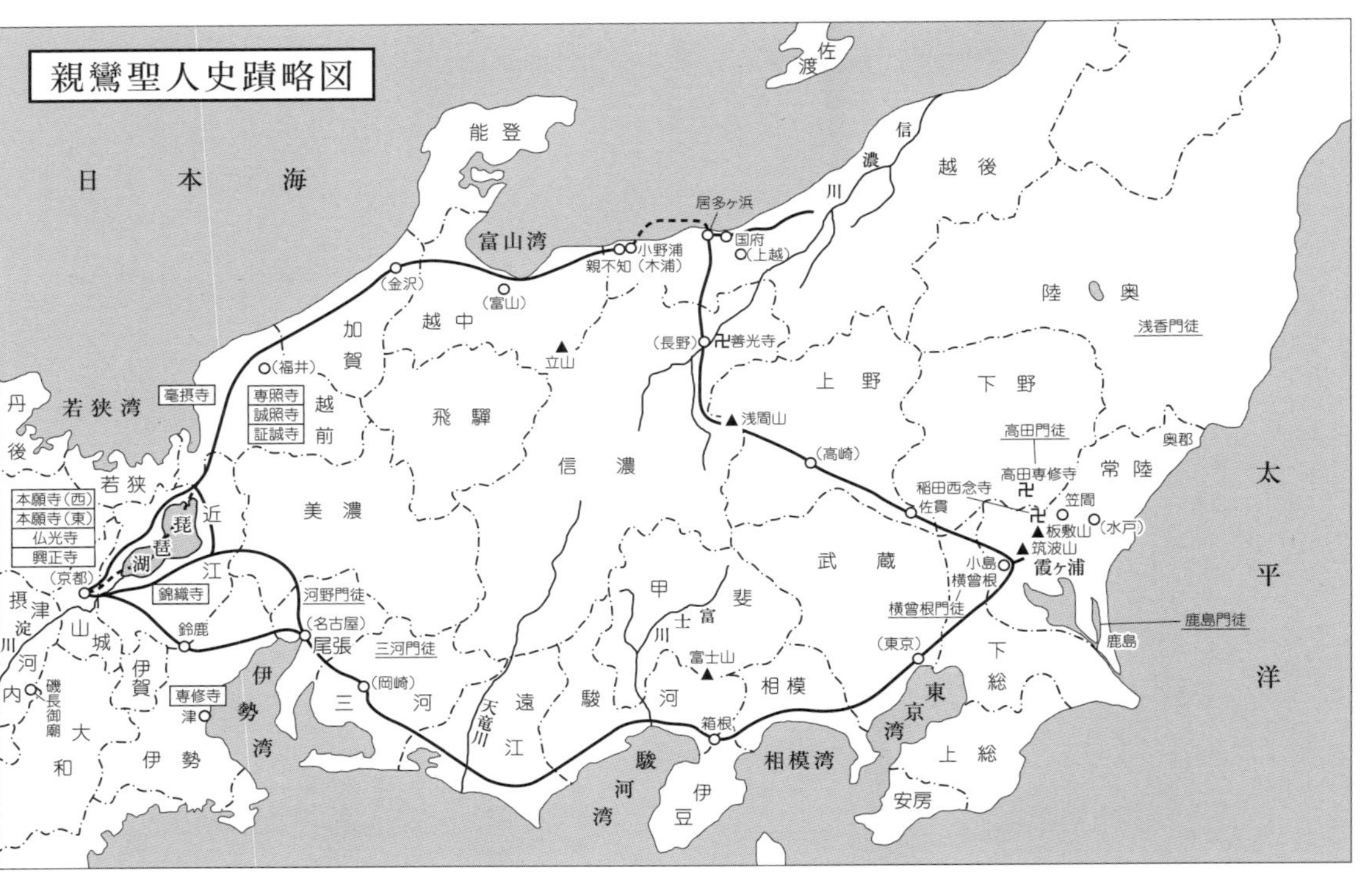

親鸞聖人史蹟略図
日本海
太平洋
若狭湾
富山湾
琵琶湖
伊勢湾
駿河湾
相模湾
東京湾
霞ヶ浦
信濃川
天竜川
富士川
淀川
丹後
若狭
近江
越前
加賀
能登
越中
飛騨
美濃
信濃
越後
佐渡
上野
下野
陸奥
常陸
下総
上総
安房
武蔵
相模
甲斐
伊豆
駿河
遠江
三河
尾張
伊勢
伊賀
山城
大和
河内
摂津
本願寺(西)
本願寺(東)
仏光寺
興正寺
(京都)
毫摂寺
専照寺
誠照寺
証誠寺
(福井)
(金沢)
(富山)
立山
親不知
小野浦
(木浦)
居多ヶ浜
国府
(上越)
(長野)
善光寺
浅間山
(高崎)
佐貫
稲田西念寺
高田専修寺
高田門徒
小島
横曽根
横曽根門徒
筑波山
板敷山
笠間
(水戸)
奥郡
浅香門徒
鹿島
鹿島門徒
(東京)
箱根
富士山
(岡崎)
三河門徒
(名古屋)
河野門徒
鈴鹿
錦織寺
専修寺
津
磯長御廟

付　　録

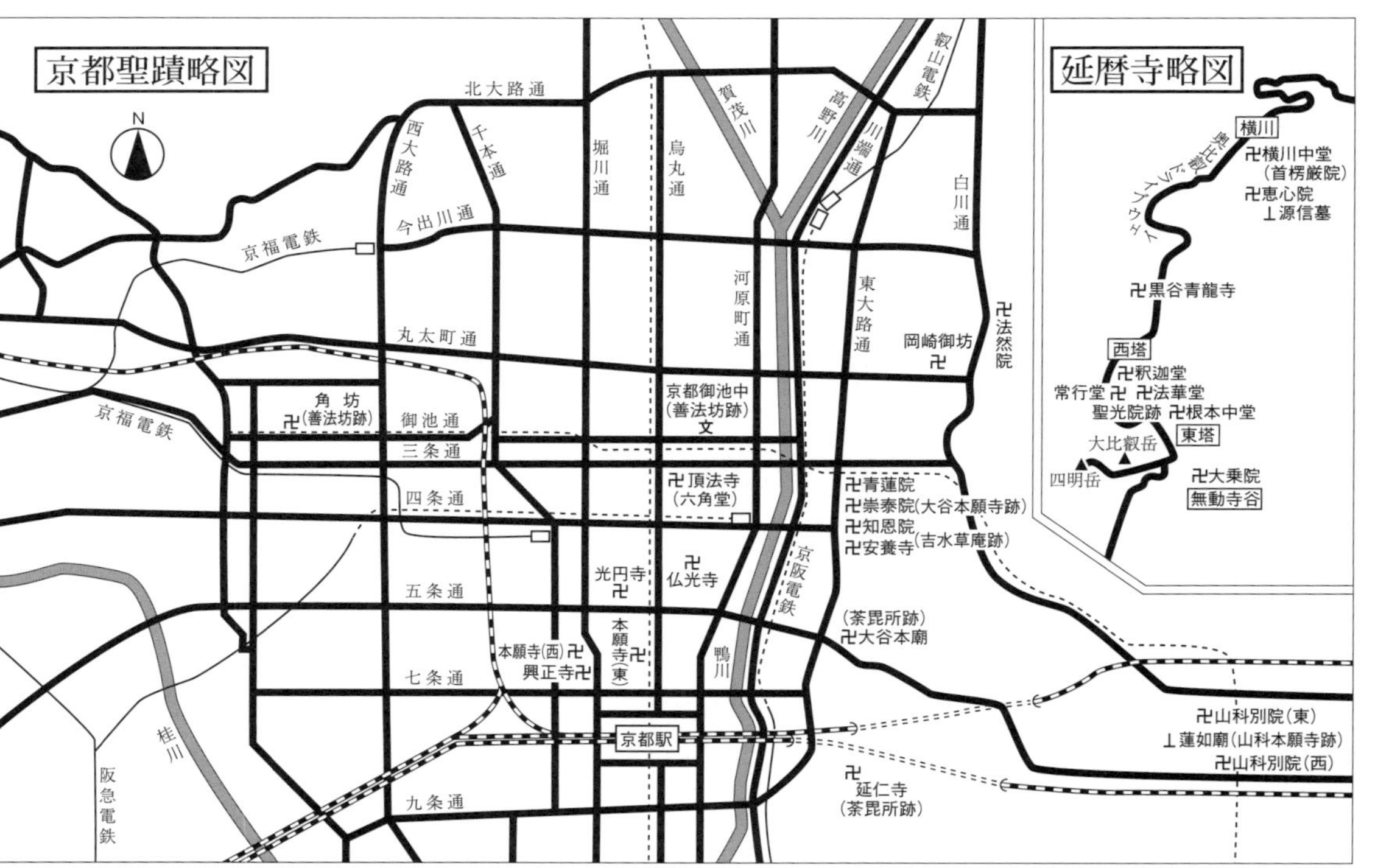
京都聖蹟略図
N
北大路通
西大路通
千本通
堀川通
烏丸通
賀茂川
高野川
叡山電鉄
川端通
白川通
今出川通
京福電鉄
河原町通
東大路通
岡崎御坊卍
卍法然院
丸太町通
角坊
卍（善法坊跡）
御池通
京都御池中（善法坊跡）文
京福電鉄
三条通
卍頂法寺（六角堂）
四条通
卍青蓮院
卍崇泰院（大谷本願寺跡）
卍知恩院（吉水草庵跡）
卍安養寺
光円寺卍
卍仏光寺
京阪電鉄
五条通
（荼毘所跡）
卍大谷本廟
本願寺（西）卍
興正寺卍
本願寺卍（東）
鴨川
七条通
京都駅
桂川
阪急電鉄
九条通
卍延仁寺（荼毘所跡）
卍山科別院（東）
⊥蓮如廟（山科本願寺跡）
卍山科別院（西）
延暦寺略図
横川
卍横川中堂（首楞厳院）
卍恵心院
⊥源信墓
奥比叡ドライブウェイ
卍黒谷青龍寺
西塔
卍釈迦堂
常行堂 卍 卍法華堂
聖光院跡 卍根本中堂
東塔
大比叡岳
四明岳
卍大乗院
無動寺谷

浄土真宗聖典（現代語版）の刊行にあたって

一、現代語版の刊行について

現代においては、科学技術の急速な発達とともに、価値観も多様化してきました。いま個人の尊厳が重視される一方で、人々は自らの内にこころを閉す傾向にあります。このような時代の中、仏教の果す役割は大きいといわねばなりません。いついかなる時代にも、人々を導くのは真実の教えであり、私たちに真実を開顕し伝えてきたものが聖典です。真実の教えは、時代に即応した表現により、そのこころが正しく伝えられることが求められます。

浄土真宗本願寺派では、昭和五十七年（一九八二）より、第二期宗門発展計画を起点として、浄土真宗において依りどころとされる聖典の編纂事業を推進し、すでに原典版聖典および註釈版聖典を刊行してきました。そしてこのたびこれらの成果をもとに、現代語版を刊行することになりました。

原典版聖典は、定評のある善本を底本として忠実に翻刻し、諸種の重要な異本等を用いて文献学的に厳密な校異を行ったもので、各種聖典の文字通り原典となるものです。また註釈版聖典は、原典版聖典の底本に基づきながら、現在の学問的水準を考慮して、正しく理解できるように各種の註釈を加えた聖典です。

そしてここに刊行する現代語版は、原典版聖典、註釈版聖典の編纂の姿勢を踏まえつつ、時代に即応した表現をとり、真実の教えが現代のひとりでも多くの人々に正しく伝わるように現代語訳されたものです。そのため、難解な専門用語を用いることは避け、やむをえない場合には脚註を付し、解釈の分れるような場合には訳註を付すなどの措置を講じました。また、現代の人々に、より親しみやすく、広く用いていただけるよう、本文のすべての漢字に振り仮名をつけ、文字の大きさなどにも配慮して、できるだけ読みやすいものになるようにつとめました。この現代語版を通して、親鸞聖人(しんらんしょうにん)をはじめ浄土の真実の教えを明らかにされた方々のおこころにふれていただければ幸いです。

この現代語版の発刊によって、聖教がひろく人々に親しまれることを望むものであります。

二、聖典の拝読について

仏の教えは、それが現実の社会のなかで説かれ、伝えられる以上、その時代、その社会の人々の思想や生活と無関係に説かれるものではありません。したがって、それぞれの時代や社会の特異性を反映しています。ただ、そうした特異性に埋没することなく、時代を超えて人々に真実を知らせ、苦悩からの救済を教え示してきたのが仏教の聖典であります。その意味において、伝承されてきた聖教をうかがう場合には、それが成立した当時の時代背景、思想との深いかかわりがあり、その表現やあるいは内容には歴史的、社会的な影響があることを考慮して、その聖典のあらわそうとしている本旨を正しくとらえるように留意しなければなりません。

親鸞聖人が聖典拝読にとられた姿勢は、聖典の文言を重んじながらも、根源的には「義に依りて文に依らず」という大乗仏教の基本姿勢にならわれたものでした。すなわち聖典の言葉、文章を大切にし、あくまでその文に立脚しながらも、単にその表現だけにとどまらず、如来の大悲をこころとして、言葉に込められた深い意味を理解するようにつとめ、選択本願（せんじゃくほんがん）の仏意をより明らかにしようとされたのです。私たちも、親鸞聖人のこの姿勢にならって聖典を拝読するようつとめるべきであります。

浄土真宗においては、江戸時代以降、多くの宗学者が聖典の解釈研究に取り組み、すばらしい成果をおさめてきました。しかし、それぞれの時代や社会体制の制約もあり、その中には今日からみて不適当と考えられるような解釈も見受けられます。したがって、この現代語版は、伝統的な解釈を十分尊重しながら、新しい研究成果を加味して、浄土真宗の本義を明らかにしようと意図しました。ことに、私たちの教団が今日の実践運動に至る歴史のなかで確認してきた視点に立って、この現代語版においては、特に留意すべき箇所について訳註のなかで示しました。いうまでもなく、今回の出版において現代語版の編纂が完成したということではありません。今後もひろく諸賢のご批判、ご助言をいただきながら、改訂を重ねて、つねに時代に即したものとなるようにしていきたいと考えています。

聖典の拝読を通して、真実によびさまされ、人生を歩んでいく大きな力を得られますよう念願してやみません。

令和二年三月

浄土真宗本願寺派総合研究所
教学伝道研究室〈聖典編纂担当〉

浄土真宗聖典

御伝鈔　御俗姓

――現代語版――

二〇二〇年四月十五日　第一刷発行

編　纂　浄土真宗本願寺派総合研究所
教学伝道研究室〈聖典編纂担当〉

発行者　浄土真宗本願寺派

発行所　本願寺出版社
〒六〇〇―八五〇一
京都市下京区堀川通花屋町下ル
浄土真宗本願寺派宗務所
電話（〇七五）三七一―四一七一番

印刷所　株式会社図書印刷同朋舎

定価はカバーに表示してあります。

ISBN978-4-86696-015-9　C3015

BD02-SH1-①40-02